Lernexpress 2

Rosi McNab

Lernexpress 2 is linked to the BBC Schools
Television series of the same name.

Published by BBC Books and Longman Group UK Limited

BBC Educational Publishing
a division of
BBC Enterprises Limited
Woodlands
80 Wood Lane
London W12 0TT

Longman Group UK Limited
Longman House, Burnt Mill
Harlow, Essex
CM20 2JE, England
and Associated
Companies throughout
the World

First published 1991
Third impression 1993
© BBC Enterprises Limited/Longman Group UK Limited 1991

ISBN 0 582 05291 2

Set in 10/12 Helvetica 765 (Lasercomp)
Produced by Longman Singapore Publishers Pte Ltd
Printed in Singapore

The publisher's policy is to use paper manufactured
from sustainable forests.

Acknowledgements

Illustrated by Damon Burnard
Designed by Ann Samuel
Cover photograph by Allsport (Didier Givois)

We are grateful to the following for permission to
reproduce photographs:

Bavaria-Verlag Bildagentur, pages 4 *centre right*
(Tschanz-Hofmann), 4 *above centre* (Harald Theiben), 4
centre left (Dore Bartcky), 41 *below*, 53 *below*, 65 (Dieter
Gebhardt), 99 *above* (PRW), 99 *below* (Teubner), 158
above left (After Image), 158 *below left* (Happe), 158 *below
right* (PRW), 159 (P. King), 189 *above left*, 189 *above right*
(J.A.P.), 189 *below right* (Hans Goersch), 204 (Schedler),
206 (Wolfgang Meier), 210 *below* (A. Gruber), 211 *above*
(Picture Finders); Deutsche Presse-Agentur, pages 4
below, 4 *above left* (Horst Ossinger); Garmisch-
Partenkirchen, page 211 *below*, Godfrey Johnson, pages
7, 8, 13, 15, 17, 20, 22, 26, 27, 28, 29, 30, 31, 34, 35, 38, 39,
40, 41 *above left*, 41 *above right*, 45, 50, 51, 52, 53 *above*,
60, 61, 72, 74, 76, 79, 82, 92, 97, 105, 107, 111, 115, 119, 120,
121, 122, 127, 129, 133, 136, 138, 145, 156, 158 *above
centre*, *above right*, *centre*, 163, 165 *below right*, 166, 168,
169, 170, 171, 177, 182, 183, 184, 185, 194, 195, 201, 205,
207, 208, 209, 210 *above*, 211 *centre*, 219, 221; Pressefoto,
page 211 (A. Modl); London Features International, pages
83 *above right* (Phil Loftus), 83 *centre* (Ken Kegan), 83
below left (Phil Loftus), 83 *below right*, 164 *left* (Neal
Preston), 165 *above right* (Geoff Swaine); Rosi McNab,
pages 21, 25; Mitre Sports, page 77; Ian Nielson, page 4
above right; Rex Features, pages 83 *above left* (*The Sun*),
164 *centre* (Sam Emerson/Sipa Press); © 1981 United
Features Syndicate Inc. Reprinted by Permission, page
161; Karl-Georg Waldinger, page 175

We are grateful to the following for permission to
reproduce copyright material:

Bundesanstalt für Arbeit for 'Top Twenty häufiger
Ausbildungsberufe' (source: Statistisches Bundesamt)
and adapted extracts from sections E1–E12 in *Step Plus
Arbeitsheft*; Bundesamt für den Zivildienst for an extract
from the table 'Tätigkeitsgruppen' in *Der Zivildienst*
G6759E, Sonderdruck 1989; Bundeswehr Streitkräfteamt
for extracts from *Die Bundeswehr*; Felton Medien Concept
KG for extracts from the article 'Axels Dienst' pp 14–19
Jugend Magazin Feb. 1990; Karrimor International Ltd for
an extract from the *Karrimor 1990 Rucsac Guide*; Rowohlt
Verlag GmbH for an extract from p 9 *I like you – und du?*
by Emer O'Sullivan and Dietmar Rosler. Copyright © 1983
by Rowohlt Taschenbuch Verlag GmbH, Reinbek;
Westfälische Rundschau for the article 'Überfälle in
Strassenbahnen – Kripo sucht Jugendbanden' in
Westfälischer Rundschau issue 234, 6.10.89;
Fremdenverkehrsverband Starnberger Fünfseenland for
an extract from p 13 their information booklet. Copyright
by tourist association Starnberger Fünfseenland, Postfach
1607, 8130 Starnberg, Germany; the author, Karl-Georg
Waldinger for his poem 'Europa' (reg. GEMA 2.212.926).

We have been unable to trace the copyright holder of an
extract from *Wandern mit dem MVV* and would appreciate
any information which would enable us to do so.

The publishers would like to acknowledge the cooperation
of BBC School Television and School Radio in the
creation of this book, particularly the assistance of
Susan Paton   Series Producer, *Lernexpress*
Kerstin Wachholz   Researcher

The author would like to thank Herr Hardy Schwarz of
Stuttgart for his invaluable work as proof reader and
language consultant.

Teacher's notes for the television programmes are
available from BBC School Publications.

Contents

Herzlich willkommen in Deutschland!

Wie gut kennst du Deutschland?

Die Bundesrepublik Deutschland ist in 16 Länder eingeteilt. Sie heißen Baden-Württemberg, Bayern, Berlin, Brandenburg, Bremen, Hamburg, Hessen, Mecklenburg-Vorpommern, Niedersachsen, Nordrhein-Westfalen, Rheinland-Pfalz, Saarland, Sachsen, Sachsen-Anhalt, Schleswig-Holstein und Thüringen.

● Wo liegen diese Länder auf der Karte?

Ordne die Bilder den Orten zu.

● Und welcher Text gehört zu welchem Bild?

Florenz an der Elbe genannt, diese Stadt begeistert jeden Tourist mit ihren vielen barocken Gebäuden, Museen und schönen Straßen.

Ein Zeichen Deutschlands – jeder erkennt seine berühmte Silhouette.

Der Fluß windet sich durch Weinberge und Campingplätze und mündet in den Rhein bei Koblenz.

Ein Naturschutzgebiet, aber auch ein beliebter Badeort.

Der größte See Deutschlands. Hier kann man schwimmen gehen, windsurfen, segeln oder eine Schiffsfahrt machen.

Fabriken und Bergbau. Hier ist Deutschlands größtes Industrierevier. Hier wird Stahl gemacht und Kohl gewonnen.

Wo verbringen sie ihren Urlaub?

Herr Braun

Klaus and Dagmar Glock

Familie Schneider

Familie Müller

Herr and Frau Schwarz

Gottfried and Micha

a an der Ostsee   c am Bodensee   e in den Bergen
b in den Alpen   d an der Mosel   f in Dresden

Wo würdest du am liebsten deinen Sommerurlaub verbringen?
Und deinen Winterurlaub?

Kapitel 11

Winterferien

Skiurlaub in Garmisch-Partenkirchen

Garmisch-Partenkirchen (GAP) ist einer der bedeutendsten heilklimatischen Kurorte der Bayerischen Alpen und ist Deutschlands Wintersportmetropole. Es liegt in der Mitte der deutschen Alpen in einer Höhenlage von 700 bis 800 m und zählt 27 500 Einwohner. Der Ort ist der Mittelpunkt des Werdenfelser Landes. Er wird beherrscht vom Wettersteingebirge, einem der mächtigsten Gebirgszüge der nördlichen Alpen, mit Deutschlands höchstem Berg, der fast 3 000 m hohen Zugspitze. Das Panorama dieser Berge ist sehr eindrucksvoll. Drei Eisenbahnlinien, mehrere Omnibuslinien und vorzügliche Straßen verbinden Garmisch-Partenkirchen mit der bayerischen Landeshauptstadt München (94 km), mit Tirol, dem Allgäu und den Ostalpen. Nächste Großflughafen sind München-Riem und Innsbruck (Tirol).

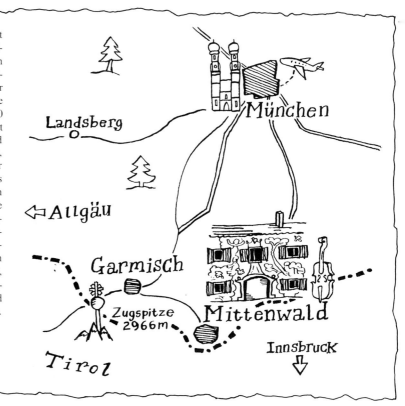

Wo liegt Garmisch-Partenkirchen?
Wofür ist Garmisch berühmt?
Wie viele Einwohner gibt es?
Wie kommt man am besten
von München nach Garmisch? Und von London?

Ich verstehe nicht.
Ich weiß es nicht.
Können Sie das bitte wiederholen?
Wie bitte?

bedeutend *important*
beherrschen *to dominate*
beeindrucken *to impress*
die Eisenbahn *railway*
das Gebirge *mountain range*
heilen *to heal*
die Höhe *height*
der Kurort *spa*
das Land *state, county*
mächtig *mighty*
vorzüglich *excellent*

Sonja macht einen Skiurlaub in Süddeutschland. Sie fährt mit dem Zug in die Alpen nach Garmisch-Partenkirchen, in Bayern. Unterwegs trifft sie andere Leuten, die nach Garmisch fahren und fragt sie, was sie in Garmisch machen werden.

- Here are some of the questions Sonja asks. What do they mean?

Wie heißen Sie?

Wie lange werden Sie dort bleiben?

Woher kommen Sie?

Seit wann laufen Sie Ski?

Wohin fahren Sie?

Ist es schwierig, Skifahren zu lernen?

Was werden Sie in Garmisch machen?

Macht es Ihnen Spaß?

- These are the answers they give. Which questions are they answering?

Nach Garmisch-Partenkirchen.
Enrico.
Nein, eigentlich nicht.
Skifahren.
Drei Tage.
Seitdem ich drei Jahre alt bin.
Ja, es macht sehr viel Spaß.

Wir werden eine Woche bleiben.
Seit zwanzig Jahren.
Nach Garmisch.
Ja, sehr.
Aus München.
Ja, ziemlich, am Anfang.
Eine Woche.

- You are going to Garmisch for a week's skiing holiday.
  How would you answer Sonja's questions?

 Was werden sie in Garmisch machen?

7

WIEDERHOLUNG

Fragen – duzen oder siezen?

du-Form
Wie heißt du?
Woher kommst du?
Wohin fährst du?
Was machst du?
Wie geht es dir?
Was wirst du in Garmisch machen?
Seit wann läufst du Ski?

Die du-Form benutzt man, wenn man mit jüngeren Leuten oder Freunden spricht.

- Which form does Sonja use when she is speaking to the people on the train?

- Later on the ski slope she talks to these children.
  Which form will she use then?
  What questions do you think she will ask them?

Sie-Form
Wie heißen Sie?
Woher kommen Sie?
Wohin fahren Sie?
Was machen Sie?
Wie geht es Ihnen?
Was werden Sie in Garmisch machen?
Seit wann laufen Sie Ski?

Die Sie-Form benutzt man, wenn man mit älteren Leuten spricht oder Leuten, die man nicht kennt.

Karin

Hier sind Karins Antworten.
Was hat Sonja gefragt?

Karin.

Sieben.

Im August.

Aus München.

Eine Woche.

Skilaufen.

Seit zwei Jahren.

Nee.

JETZT BIST DU DRAN

You want to find out where these people are from, how long they have been skiing and if they think it is difficult to learn.
What questions would you ask them?

Interviewen

Was weißt du über deine Mitschüler?
Fährt jemand gut Ski?
Wer ist noch nicht Schlittschuhgelaufen?
Wer hat noch keine Pizza gegessen?
Wer kann Heavy Metal nicht leiden?

Suchspiel

Spielt *Findet jemanden, der* . . . um noch mehr herauszufinden. Welche Fragen stellst du?
Du willst jemanden finden,

. . . der im Mai Geburtstag hat.
. . . der einen schwarzen Hund hat.
. . . der Schuhgröße 41 hat.
. . . der eine getigerte Katze hat.
. . . der das Programm *Nachbarn* nicht leiden
    kann.
. . . der noch nie Skigefahren ist.
. . . der schon mal Skigefahren ist.
. . . der Skifahren ausprobieren möchte.
. . . der 1,68 m groß ist.

. . . dessen Sternzeichen Zwillinge ist.
. . . der gerne Pizza *ißt.
. . . der gern Heavy Metal hört.
. . . der gern Rad *fährt.
. . . der gern Tischtennis spielt.
. . . der um zehn Uhr ins Bett geht.
. . . der Sportsendungen nicht mag.
. . . der Kaffee ohne Zucker trinkt.
. . . der noch nie mit dem Zug gefahren ist.

Überlegt euch noch weitere Fragen. Fragt mehrere, Leute (auch Erwachsene) und notiert die
Antworten. Wie hättet *ihr* auf die Fragen geantwortet.
N.B. Duzen oder siezen?

WIEDERHOLUNG

Verben – Präsens

	sein	haben	machen
ich-Form	bin	habe	mach**e**
du-Form	bist	hast	mach**st**
er-Form	ist	hat	mach**t**
wir-Form	sind	haben	mach**en**
ihr-Form	seid	habt	mach**t**
Sie-Form	sind	haben	mach**en**
sie-Form	sind	haben	mach**en**

EXTRA

*Unregelmäßige Verben

essen	ißt	hat gegessen	*to eat*
fahren	fährt	ist gefahren	*to go*
laufen	läuft	ist gelaufen	*to run*
sehen	sieht	hat gesehen	*to see, watch*

Skiurlaub

Curling
Langlauf

Eisstockschießen
Snowboarden

Rodeln
Eislaufen

Eishockey
Ski-Alpin

Ordne die Wörter den Bildern zu.

Wir machen einen Skiurlaub in Garmisch

Garmisch bietet

115 km Ski-Abfahrten, 54 Bergbahnen und
Skilifte, das Olympia-Skistadion (4 Sprung-
schanzen), 120 km Langlauf-Loipen und das
Olympia-Eisstadion. Die Ski-Alpin
Weltmeisterschaften von 1978 fanden hier statt.

Bei schlechtem Wetter ist ein Besuch des
Alpenspitz-Wellenbades zu empfehlen.

Après-Ski

Nach dem aktiven Tag auf der Piste stehen
mehrere Möglichkeiten zur Auswahl. Sie können
Ihr Glück in der Spielbank versuchen, einen
Einkaufsbummel machen, eine Nachtschlittenfahrt
unternehmen ... Besuchen Sie die Nachtlokale
oder verbringen Sie einen gemütlichen Abend
mit bayerischer Musik und Schuhplattler in einer
der mehreren typischen Kneipen.

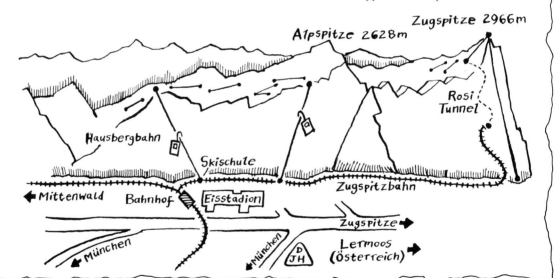

How many kilometres of downhill and cross-country skiing are available?
What other winter sport facilities are there?
What competition was held here?
What can you do in bad weather?
What après-ski activities are suggested?

● Was würdest du machen, wenn du im Urlaub in Garmisch wärst?

Montag	
9.00 Uhr	**Ski-Kindergarten für Kinder** ab 3 Jahre an der Talstation der Osterfelderbahn, täglich geöffnet von 9.00 – 12.30 und 13.00 – 16.30 Uhr (keine Kurse). Information unter Tel. 5 27 29.
9.30 Uhr	**Skikurs-Beginn.** Zwergerlkurse, Kinderrennschule, Langlaufkurse, Erwachsenen-Kurse in allen Leistungsklassen. (Siehe Rückseite).
10-12 Uhr	**Allgemeiner Eislauf für Groß und Klein im Olympia-Eisstadion.** Ermäßigter Eintritt mit Kurkarte.
10.30 Uhr	**Ortsrundfahrt in Garmisch-Partenkirchen.** Besichtigung des Ortes mit seinen Sehenswürdigkeiten. Ab 7. Januar 1990. Treffpunkt beim ABR am Bahnhof. Preis DM 8,– Kurkartenermäßigung DM 1,– Tel. 5 51 25. Herr Hager.
19.00 Uhr	**Skiabfahrt mit Fackeln.** Veranstaltet durch die Ski-Schule Garmisch-Partenkirchen. Teilnahme DM 10,–, Auffahrt extra. Informationen über Tel. 49 31.
19.30 Uhr	**Bayer. Heimatabend im Gasthof Fraundorfer** in Partenkirchen. Original bayerische Musik mit Schuhplatteln und Gesangseinlagen. Eintritt frei. Reservierungen über Tel. 21 76. (Täglich außer Dienstag).
20.00 Uhr	**Cocktails von Meisterhand** in Heimo's Cocktail-Bar (bis 3.00 Uhr), Zugspitzstraße 16, Tel. 5 17 27.
14.00 Uhr	**Pferdeschlittenfahrt nach Grainau.** Abfahrt vom Marienplatz über die Degernau nach Grainau. Einkehrmöglichkeit gegeben. Dauer: 3 Stunden. Preis DM 24,– Anmeldung bei Familie Sailer. Tel. 21 52.

Where and when does the ski kindergarten meet?
You want to go ice skating. When can you go?
Where does the 10.00 trip go to?
What is being offered at 10.30?
How are you to travel to Grainau at 14.00?
Whom should you contact about torchlit skiing?
What else is being offered?

- Stell dir vor: Du hast den Tag in Garmisch verbracht. Was hast du alles gemacht? Was wirst du morgen noch machen?

WIEDERHOLUNG

Verben – Perfekt

Partizip II
Ich habe . . . getanzt.
Ich habe . . . gegessen.

Ich bin . . . gefahren.
Ich bin . . . Skigelaufen.

REGELMÄSSIGE VERBEN	
kennenlernen	kennengelernt
machen	gemacht
rodeln	gerodelt
tanzen	getanzt
wandern	gewandert

UNREGELMÄSSIGE VERBEN	
essen	gegessen
fahren	gefahren
gehen	gegangen
laufen	gelaufen
trinken	getrunken
unternehmen	unternommen

N.B. ZUKUNFT Ich werde Skilaufen.

 # Heute . . . und morgen?

Was haben Elisabeth und Jörg heute gemacht und was werden sie morgen machen?

WIEDERHOLUNG

Die Zahlen und der Kalender

eins	dreißig
zwei	vierzig
drei	fünfzig
vier	sechzig
fünf	siebzig
sechs	achtzig
sieben	neunzig
acht	hundert
neun	Tausend(e)
zehn	Million(en)
elf	
zwölf	am ersten
dreizehn	am zweiten
vierzehn	am dritten
fünfzehn	am vierten
sechzehn	am fünften
siebzehn	am zehnten
achtzehn	am zwanzigsten
neunzehn	am fünfundzwanzigsten
zwanzig	am dreißigsten
	usw.

die Wochentage
Montag
Dienstag
Mittwoch
Donnerstag
Freitag
Samstag/Sonnabend
Sonntag

die Monate

Wann hast du Geburtstag?

Wann bist du geboren?

Am vierten August.

Am elften dritten neunzehnhundert achtundachtzig.

Und du? Wann bist du geboren?

Kannst du die Daten vorlesen?
Wann sind sie geboren?

a	4.6.78	**d**	22.7.64
b	28.5.82	**e**	10.2.55
c	9.11.79	**f**	29.2.84

Welchen Tag haben wir heute?

a	Mo.04.11	**d**	Sa.25.12
b	Di.15.02	**e**	Mi.01.04
c	Fr.10.08	**f**	So.05.06

Welchen Tag hatten wir gestern?
Welcher Tag ist morgen?

Weihnachten	*Christmas*
Silvester	*New Year's Eve*
Ostern	*Easter*
Fasching/Karneval	*Shrove Tuesday*

 Was feiern wir?

WIEDERHOLUNG

Das Alphabet

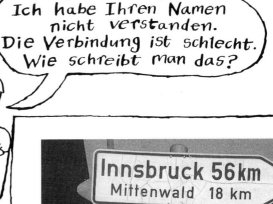

- Kannst du diese Wörter buchstabieren?

doppel	*double*
der Bindestrich	*hyphen*

PARTNERARBEIT

Einer buchstabiert einen Ortsnamen
und ein anderer schreibt den Namen auf.
Wie wäre es mit dem Ortsnamen ...

Llanfairpwllgwyngyllgogerychwyrndrobwll-llantysiliogogogoch?

Wie schnell kannst du ihn buchstabieren?

 Wie heißen sie und woher kommen sie?

Persönliche Informationen

Ich über mich

Ich heiße . . . Ich bin . . . Jahre alt und ich komme aus . . .
Ich habe . . . Haare und . . . Augen.
Ich trage eine Brille/Kontaktlinsen.
Ich bin . . . groß und wiege . . . kg.
Meine Hobbys sind . . .

Bravo braucht junge Fotomodelle – Jungen sowie auch
Mädchen. Schreib einen Brief, und stelle dich bei der Zeitschrift vor.

1 stone = 6,35 kg

Steckbriefe

Steckbrief

Name: Oliver Wichmann
Straße: Wilhelm-Hidding-
Weg 8
Ort: Schwabing
geboren am: 12.11.1978

geboren in: Stuttgart
Größe: 1.78 m
Gewicht: 75 kg
Schuhgröße: 43-44
Alter: 15

In meiner Freizeit mache ich verschiedene
Sportarten. Fußball, Leichtathletik und
Handball. Ich bin auch noch in einem
Tanzkurs, der in Schwabing stattfindet.

Ali, 19

Schule/Beruf:
Hauptschüler.

Größe:
1,80 m.

Hobbys:
Fußball, Disco,
Musikhören (Tina Turner).

Vorname, Name: Michaela Knauf
Straße: Heidestraße 18
Wohnort: München 4
Alter: 15
Hobbies: Tennis, Surfen, Volleyball,
Tanzen, in der Stadt bummeln,
lesen, Musik hören,
telefonieren, sich unterhalten,
in die Disco gehen

Stoppuhr!

Du hast 30 Sekunden. Stell dich vor!

In der Jugendherberge

Kannst du das Formular ausfüllen?
Du bist am 12. Februar angekommen
und fährst am 19. Februar ab.
Übertrage das Formular in dein
Heft und fülle es aus.

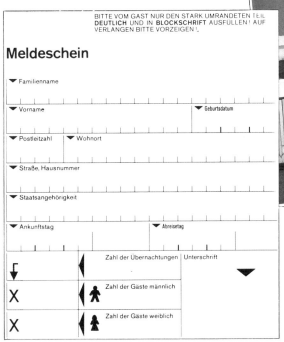

BITTE VOM GAST NUR DEN STARK UMRANDETEN TEIL
DEUTLICH UND IN **BLOCKSCHRIFT** AUSFÜLLEN ! AUF
VERLANGEN BITTE VORZEIGEN !.

Meldeschein

▼ Familienname

▼ Vorname   ▼ Geburtsdatum

▼ Postleitzahl   ▼ Wohnort

▼ Straße, Hausnummer

▼ Staatsangehörigkeit

▼ Ankunftstag   ▼ Abreisetag

	Zahl der Übernachtungen	Unterschrift
X	♠ Zahl der Gäste männlich	
X	♠ Zahl der Gäste weiblich	

Sonja teilt ein Zimmer mit Elisabeth und
Cornelia.

Vokabular

Ordne die deutschen Wörter den englischen zu.

surname	Straße
first name	Postleitzahl
date of birth	Anzahl der Übernachtungen
place of birth	Staatsangehörigkeit
domicile	männlich
post code	Abreisetag
street	Familienname
house number	Geburtsort
nationality	weiblich
day of arrival	Hausnummer
day of departure	Geburtsdatum
number of nights	Wohnort
male	Vorname
female	Ankunftstag

Skiurlaub

Was braucht man zum Skifahren?

Kannst du die Sachen, die auf der Liste stehen den richtigen Spalten zuordnen?

MASKULINUM	FEMININUM	NEUTRUM	PLURAL
der Skianzug	die	das	die

Skianzug
Skirollis
Skimütze oder Kapuze
dicke Socken
Handschuhe
Sonnenbrille
Sonnensalbe
Heftpflaster
Schlafanzug
Unterwäsche
Après-Ski (Jeans + Pullis)
Kulturtasche
Versicherungsschein

Und was braucht man noch?

Skibindung

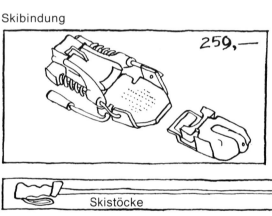

259,—

Handschuhe

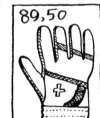

89,50

Skianzug

498,—

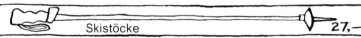

Skistöcke   27,—

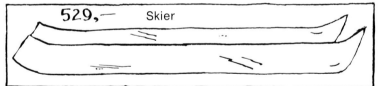

529,—   Skier

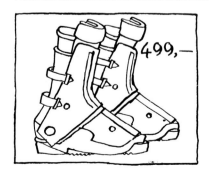

499,—

Skistiefel

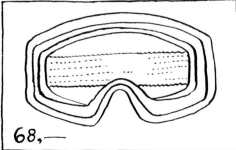

68,—

Brille

Skipaß

- Was kostet eine komplette Ausrüstung?

ROLLENSPIEL

Im Skigeschäft

Ich möchte Skistiefel und ein Paar Skier ausleihen.

Welche Größe?

Das weiß ich nicht.

Welche Schuhgröße hast du?

41.

Und wie groß bist du?

1,85.

Gut. Probiere diese Stiefel mal an. Passen sie?

Nein. Sie sind zu eng/ klein/groß/breit.

Probiere das Paar hier. Passen sie besser?

Ja. Die passen mir gut. Ich nehme sie. Wieviel macht das?

25 DM pro Tag.

- Du mußt einen neuen Anorak, eine Sonnenbrille und ein kariertes Hemd kaufen. Kannst du die passenden Dialoge bilden?

	MASK.	FEM.	NEUT.	
Ich möchte	einen Skianzug.	eine Bluse.	ein Hemd.	
	Er	Sie	Es	gefällt mir.
Was kostet	er?	sie?	es?	
Darf ich	ihn	sie	es	anprobieren?
	Er	Sie	Es	paßt mir gut.
Ich nehme	ihn.	sie.	es.	

N.B. PLURAL Sie gefallen mir. Was kosten sie? Sie passen mir.

anprobieren *to try on*	Darf ich . . . *May I . . .*
die Ankleidekabine(n) *changing room*	gefallen *to be pleasing, to like*

Ein Brief an ihre Mutter

Garmisch, Feb '90

Hallo liebe Ma!
Ich bin nach einer guten Reise
endlich in Garmisch - Partenkirchen
angekommen. Mein Zimmer in der
Jugendherberge teile ich mit zwei
netten Mädchen.
Stell Dir vor, gestern bin ich
zum ersten Mal Skilaufen gefahren!
Das war sehr aufregend aber auch
anstrengend. Es sieht nämlich viel leichter
aus, als es auf dem Schnee wirklich ist.
Heute habe ich versucht, Schlittschuh
zu laufen. Das ging schon ein bißchen
besser, aber auch hier muß ich noch sehr
viel üben. Das Wetter ist gut und mit
dem Schnee sieht die Berglandschaft
richtig schön aus.
Morgen fahre ich nach Mittenwald
und gucke mir die berühmte Geigenbau -
schule an.
Viele Grüße und
alles Gute,
Sonja

What does Sonja tell her mother?

What was the journey like?
Where is she staying?
How did she find her first day skiing?

What has she been doing today?
What is she going to do tomorrow?
What does she say about the weather?

Briefe schreiben

Head your letter properly: Town, date

Darmstadt, den 8. Oktober

Writing to a friend: *Lieber Jörg! Liebe Anke!*

When writing to a friend you should use a capital letter for *Du, Dich, Dein(e)* and *Dir,* and *Ihr, Euch, Ihr(e)* if writing to more than one.

Tschüß/Tschüs/Alles Gute

Writing to a stranger: *Sehr geehrter Herr Raidl*
Sehr geehrte Frau Hartmann

An die Jugendherberge

                    Portsmouth, 15. 10.

Sehr geehrte Herbergseltern,

wir möchten einen Skiurlaub in Garmisch, im Zeitraum vom 2. bis 9. März machen. Wir sind vier Mädchen und zwei Jungen.

Teilen Sie uns bitte mit, ob Sie zu der Zeit noch Plätze frei haben und ob man in der Jugendherberge zu Abend essen kann.

Wir sind noch nicht Skigefahren. Kann man die Skiausrüstung und die Skischule durch die Jugendherberge im voraus buchen? Wir wären Ihnen für Broschüren und weitere Informationen sehr dankbar.

Mit besten Grüßen

Ans Informationsbüro

                    Newcastle, den 7. März

Sehr geehrte Damen und Herren,

wir beabsichtigen, die Stadt München im Zeitraum vom 7.–21. Juli zu besuchen.

Ich wäre Ihnen dankbar, wenn Sie mir Broschüren über die Stadt und die Freizeitmöglichkeiten in der näheren Umgebung, sowie Informationen über billige Übernachtungsmöglichkeiten für junge Leute zusenden könnten.

Ich danke Ihnen im voraus,
mit freundlichen Grüßen

- Write a letter to the Garmisch information office asking for information about summer holidays in the area.

- Write a letter to a youth hostel in Munich booking accommodation for you and your friends.

GARMISCH PARTENKIRCHEN
Im Zeichen von Schneekristall und Sonne

Verkehrsamt
Bahnhofstraße 34
Telefax (08821) 180-55

Heilklimatischer Kurort · Deutschlands Wintersport-Metropole
zu Füßen von Zugspitze und Alpspitze

Mahlzeit!

Sport macht Spaß aber es macht auch Hunger!
Was kann man hier essen?

TAGESKARTE

MENÜ 1 — DM 15.50
Tagessuppe
Wiener Schnitzel mit Pommes frites und gemischtem Salat

MENÜ 2 — DM 13.50
Tagessuppe
Bratwurst mit Kartoffelsalat und Sauerkraut

LEICHTE KOST
Spaghetti Bolognaise, Parmesan u. Kopfsalat — DM 10.50
Leberkäse garniert — DM 9.50
Knackwürstchen und Pommes — DM 8.50
Käseomelett, Pommes — DM 7.50
Schinkenomelett, Pommes — DM 7.50
Portion Pommes — DM 3.00
Grüner Salat — DM 2.50
Rollmöpse mit Zwiebel und Brot — DM 6.50

NACHTISCH
Kaiserschmarren — DM 4.50
Gemischtes Eis — DM 4.50
Vanille-Eis mit heißen Kirschen — DM 5.50
Wiener Apfelstrudel mit Vanille-Eis — DM 5.50

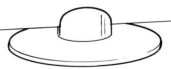

Was hat Sonja bestellt?

Hat es geschmeckt?

Was würdest du bestellen,
    wenn du nicht so viel Geld hättest?
    wenn du großen Hunger hättest?
    wenn du keinen großen Hunger hättest?
    wenn du Vegetarier wärst?
    wenn du viel Geld hättest?

Es schmeckt . . . gut.
    einmalig!
    ausgezeichnet!
    lecker!

Kaiserschmarren

Kaiserschmarren is an alpine dish. It is very simple and filling and is often eaten in the mountain restaurants and alpine huts, in summer by people walking from hut to hut, and in winter by hungry skiers. Try making it!

Kaiserschmarren

100 g Weizenmehl — in eine Schüssel sieben, in die Mitte eine Vertiefung eindrücken.

4 Eier mit Salz,
2 Tropfen Backöl,
Zitrone und
250 ml Schlagsahne

verschlagen, etwas davon in die Vertiefung geben, von der Mitte aus Flüssigkeit und Mehl verrühren, nach und nach die übrige Flüssigkeit dazugeben, darauf achten, daß keine Klumpen entstehen.

75 g Korinthen
60 g Margarine

unter den Teig heben, etwas von in einer Bratpfanne erhitzen, den Teig jeweils 1 cm dick hineingeben, auf der Unterseite hellgelbbacken. Den Eierkuchen dann mit zwei Gabeln in kleine Stücke zerreißen, diese unter häufigem Wenden gut bräunen.
Backzeit 8–10 Minuten.

Pro Portion E 15 g; F 47 g; Kh 36 g; kJ 2732; kcal 651

- Explain how to make a cheese omelette in German.

Abkürzungen	
E	*Eiweiß*
kcal	*Kilocalorie*
F	*Fett*
Kh	*Kohlenhydrat*
kJ	*Kilojoule*

drücken	*to press*	die Schüssel	*bowl*
erhitzen	*heat*	sieben	*to sieve*
die Flüssigheit	*liquid*	die Vertiefung	*hollow*
die Korinthen	*sultanas*	verrühren	*to stir*
häufig	*frequent*	der Weizen	*wheat*
reiben	*to grate*	wenden	*to turn*
Schlagsahne	*whipped cream*		

1 Schildersprache

1

3

2

5

6

4

7

8

9

10

11

12

- Which word tells you where . . .

a the lockers are?
b to put money in?
c to hand in your left luggage?
d to retrieve your left luggage?
e to buy a ticket?
f to change your money?
g the exit is?
h the emergency exit is?
i - the entrance is?
j to find train departures?
k to find arrivals?

- What is the word for . . .

a luggage?
b station trolley?
c platform?
d deposit?

- Can you explain in German what the signs mean?

2 Willkommen im Urlaubsgebiet!

- **Ski-Wochenende**

  When are the special ski weekends?

  What are the travel arrangements?

  What sort of accommodation is offered?

  What is included in the price?

Termine *Kurzfahrten*	Fasching 12.2.–15.2. (Sa.–Di.) Ostern 1.4.– 4.4. (Fr.–Mo.)	
Leistung *Preis*	Busfahrt ab/bis München, Unterbringung in Privatpensionen in den umliegenden Orten größtenteils DU/WC Zimmer (fl. Wasser-Zimmer, gleicher Preis), Halbpension, Skipaß und Reiseleitung, Frühstück im Hause, Abendessen in einem Gasthof	
	Wochenendfahrten *Kurzfahrten*	DM 115,- DM 258,-
Busabfahrt *Rindermarkt*	7.15 Uhr	

- **Hotel Bavaria**

  Where is it situated?

  What are the rooms like?

  What do you think a *Tiroler Stüberl* is?

  How does it compare with the other hotel?

- **Zum Lamm**

  What sort of hotel is it?

  When is it open?

- **Skifahrerkarten**

  How much is a day pass for adults?

  How much is a day pass for you?

  How much is a half-day pass?

  When can you use it?

  How much is a single ticket for people
  who want to ski down once only?

  What are the *4er-Karte* and *10er-Karte* for?

- **Eishockeyspiele**

  Where should you look for information
  about ice hockey matches?

SCHREIBPROGRAMM

You are on holiday with Sonja in Garmisch.

Write a postcard to a Ali saying what you have been doing and what you are going to do.

Write a letter to Austen and Svenja telling them about your holiday, where you are staying, whom you have met, what you have been doing, what you like and don't like and your and Sonja's skiing, skating and après-ski experiences!

1 Wie heißen sie und woher kommen sie?

2 Sonja interviewt im Zug

	NAME	WOHER?	WOHIN?	WARUM?	WIE LANGE?
1					
2					
3					

3 Sonja interviewt auf der Piste

	1	2	3	4
Woher?				
Seit wann laufen sie Ski?				
Ist das schwierig?				
Macht es Spaß?				

4 Was essen sie und wieviel kostet es?

KAISER BIER

Wienerschnitzel, Pommes, Salat 115,-
Salatplatte 90,-
Fleischkäse, 1Ec Püree Salat 80,-
Zac Zac m. Salatgarnitur 88,-
Hauswürstel, Kraut, Püree 80,-
Speck m. 3 Spiegeleier, Brot 60,-
Hütten-Eintopf 68,-

Würstelsuppe 55,-
Speckbrot 50,-
Wurst- od. Käsebrot 45,-
Germknödel m. Mohnbutter 50,-
hausgem. Kuchen 25,-

Selbstbedienung

5 Gepäck

Sonja packt ihre Sachen aus. Was hat sie mitgebracht? Was haben Elisabeth und Christian mitgebracht?

6 Heute ... und morgen?

Was haben sie gemacht und was werden sie morgen machen?

7 Winterferien

Was machen Thomas und Silke am liebsten in den Winterferien?

8 Die Jugendherberge

Kannst du die Formulare für Monika und Klaus ausfüllen?

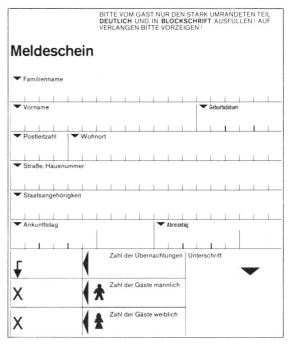

BITTE VOM GAST NUR DEN STARK UMRANDETEN TEIL **DEUTLICH** UND IN **BLOCKSCHRIFT** AUSFÜLLEN ! AUF VERLANGEN BITTE VORZEIGEN !

Meldeschein

▼ Familienname

▼ Vorname   ▼ Geburtsdatum

▼ Postleitzahl   ▼ Wohnort

▼ Straße, Hausnummer

▼ Staatsangehörigkeit

▼ Ankunftstag   ▼ Abreisetag

Zahl der Übernachtungen | Unterschrift

X   🧍 Zahl der Gäste männlich

X   🧍 Zahl der Gäste weiblich

1 **By now you should be able to:**

say good day and introduce yourself;
give your name and address and spell it if required,
   and ask someone their name and address;
give details about your age and birthday,
   and ask someone about their age and birthday;
give your telephone number and code,
   and ask for someone's telephone number and code;
state your nationality, give details about where you live,
   and ask someone where they are from;
give a simple personal description,
   and enquire about what someone looks like;
introduce someone,
   and ask how someone is (_du-Form_ and _Sie-Form_);
say you are well, and ask how someone is;
explain that you haven't understood,
   and ask if they have understood;
ask someone to speak more slowly and to repeat what they have said;
say you are sorry, say you enjoyed something and say good'bye.

2 You should know when to use the _du-Form_ and when to use the _Sie-Form_ when asking questions.

3 You should be able to use the following verbs in the _ich-, du-_ and _Sie-Form_ in the present, past and future tenses:

essen	fahren	gehen	kennenlernen	laufen
machen	rodeln	unternehmen	tanzen	trinken

4 **Wie hießen die Fragen?**

Magnus.
Schuhmacher.
Unna. Lindenhofstraße 49.
Das ist in Nordrhein Westfalen.
Am 18. März.
1979.
Auch in Unna.
Deutsch.
13 24 35.
010 49 230.
Ich bin 1,58 m und etwa 62 kg.
Ich bin Skigefahren.
Seit drei Jahren.
Ja, sehr viel Spaß.
Ich werde Schlittschuhlaufen.
Nichts zu danken. Tschüß.

Kapitel 12

In den Bergen

Ich bin schon seit einer Woche in Garmisch und habe viel gesehen und viel unternommen. Ich bin Schlittschuhgelaufen und Skigefahren und ich habe viele nette Leute im Ort und in der Jugendherberge kennengelernt. Jetzt treffe ich mich mit einigen jungen Leute, die hier wohnen ...
Sonja

Ich heiße Boris. Ich bin 17 Jahre alt. Ich wohne in Garmisch-Partenkirchen. Ich gehe auf das Werdenfels-Gymnasium. Meine Hobbys sind Skifahren, Schlittschuhlaufen und im Sommer Tennis spielen und Schwimmen. Ich wohne gerne hier, weil die Luft frischer ist und das Wetter meist schöner ist.

Mein Name ist Steffi Frei. Ich bin 15 Jahre alt. Ich gehe auf die St-Irmengard-Schule und ich wohne in Garmisch. Ich wohne lieber auf dem Land, weil hier die Umweltverschmutzung nicht so groß ist und nicht so viel Hektik ist. Meine Hobbys sind Skifahren und Gitarre spielen.

Ich heiße Katja. Ich bin 16 Jahre alt und ich wohne in Garmisch-Partenkirchen. Meine Hobbys sind Skifahren, Eislaufen und Schwimmen. Eislaufen macht mir besonders Spaß, weil ich an der frischen Luft bin und meine Freunde treffen kann.

besonders	*especially*
die Luft	*the air*
treffen	*to meet*
die Umweltverschmutzung	*pollution*

Ich heiße Elke Hartmann und bin 19 Yahre alt. Seit 4 Jahren lebe ich in Garmisch-Partenkirchen, weil ich die Berge sehr liebe. Meine Freizeit verbringe ich im Winter mit Skifahren, Schlittschuhlaufen, Langlaufen und Rodeln. Im Sommer schwimme und surfe ich gern und fahre mit meinem Mountain-Bike durch Berg und Tal.

Mein Name ist Alexander. Ich bin 17 Jahre alt. Ich wohne sehr gern in den Bergen, weil hier nicht so viel Hektik ist. Im Winter kann man Skifahren und Snowboarden und im Sommer gehe ich Windsurfen.

- Was weißt du über Boris, Steffi, Katja, Elke und Sascha?
  Kannst du sie beschreiben? Was tragen sie?
  Beshreib eine oder einen Mitschüler, so daß die anderen erraten können, wen du beschreibst.

WIEDERHOLUNG

MASK.	FEM.
Er ist ...	Sie ist ...
Er hat ...	Sie hat ...
Sein (Haar) ist ...	Ihr (Haar) ist ...
Seine (Augen) sind ...	Ihre (Augen) sind ...
Er trägt ...	Sie trägt ...
Er wohnt ...	Sie wohnt ...
Er sieht ... aus.	Sie sieht ... aus.

SPIELEN	SINGULAR
1ST PERSON	spiel**e**
2ND PERSON	spiel**st**
3RD PERSON	spiel**t**

Was meinst du?

Wer ist älter, Boris oder Sascha? Wer ist am ältesten?

Wer ist größer, Steffi oder Sascha? Wer ist am größten?

Wer ist sportlicher, Steffi oder Sascha? Wer ist am sportlichsten?

Wer hat blonde Haare und blaue Augen?
Wer trägt eine braune Jacke?
Wer hat lockige Haare?
Wer läuft am besten Ski?

Die Familie Mitnecker

*Ich heiße Christine und bin 16 Jahre alt.
Ich besuche das St Irmengard-Gymnasium in
Garmisch-Partenkirchen. Wir wohnen in
einem kleinen Dorf in einem Haus. Meine
Mutter Elfriede arbeitet in einer Bank, und
mein Vater Franz hat eine Autolackiererei.
In meiner Freizeit beschäftige ich mich gerne
mit unseren Schlittenhunden. Wir haben
zwölf Hunde. Einmal pro Tag üben wir
mit ihnen und im Winter nehmen wir an
Wettkämpfen teil.*

*Mein Vater und ich mit
unseren Pokalen.*

Ich habe
. . . einen Hund.
. . . eine Katze.
. . . einen Wellensittich.
. . . einen Goldfisch.
. . . eine Rennmaus.
. . . eine Maus.
. . . einen Hamster.
. . . ein Meerschweinchen.

*Unsere Schlittenhunde.
Sie sind sehr freundliche
Hunde und sie sind sehr aktiv.*

| Ich muß | ihn/sie/es/sie | spazieren führen.
füttern.
sauber machen. |
| Ich kümmere mich um | | den Hund.
die Tiere. |

Hast du ein Haustier?
Wer kümmert sich um das Tier?

Ich lebe sehr gern hier, weil es genug Platz für unsere Schlittenhunde gibt und die Landschaft sehr schön ist. Ich wohne lieber auf dem Land als in einer Stadt. Ich bin kein Stadtmensch.

Das ist mein Bruder Franz. Er ist 17 Jahre alt und sein größtes Hobby sind Computerspiele.

Was für eine Schule besucht Christine?
Wo arbeitet ihre Mutter?
Was macht ihr Vater? Meinst du, daß er selbständig ist? Kannst du deine Meinung begründen?
Was ist sein Hobby? Ist er erfolgreich? Woher weißt du das?
Was macht ihr Bruder? Ist er älter oder jünger als Christine?
Was meinst du? Interessiert er sich auch für Hunde?
Lebt Christine gern in Wallgau? Warum?

Einen Tag mit Christine

Stell dir vor, du hast einen Tag mit Christine und ihrer Familie verbracht. Schreib darüber einen Artikel auf deutsch für ein Schulmagazin. Beschreib die Familie Mitnecker. Was habt ihr alles gemacht?

Bist du ein Stadtmensch?

Wo würdest du lieber wohnen, in einer Stadt oder in den Bergen?
Begründe deine Antwort!
N.B. WORD ORDER! *Ich würde lieber..., weil...* + verb.

Niklas Familie

Das ist ein Bild von meiner Familie. Mein Vater ist Landwirt und meine Mutter ist Bankangestellte. Ich habe auch zwei ältere Brüder, die Franz und Michael heißen und eine jüngere Schwester, Silke. Wir wohnen auf einem Bauernhof. Ich habe einen Hund, einen Dackel, der Hannibal heißt und mehrere Kaninchen. Ich führe den Hund jeden Tag spazieren und kümmere mich generell um ihn und die Kaninchen. Ich füttere sie jeden Tag und einmal in der Woche mache ich die Käfige sauber. Mein Vater und meine beiden Brüder kümmern sich um die Kühe und die Hühner. Wir verkaufen Milch und Eier.

Was machen Niklas Eltern?	*What do Niklas' parents do?*
Hat er Geschwister?	*How many brothers and sisters has he?*
Haben sie Haustiere?	*What pets do they have?*
Kümmert er sich um seine Tiere?	*Does he look after his pets?*
Was macht er?	*What does he have to do?*
Was für andere Tiere haben sie?	*What other animals do they have?*
Was verkaufen sie?	*What do they sell?*

WIEDERHOLUNG

Geschwister

Hast du Geschwister? Sind sie jünger oder älter als du?

Ich habe	eine	jüngere/ältere	Schwester.
	zwei	jüngere/ältere	Schwestern.
	einen	jüngeren/älteren	Bruder.
	zwei	jüngere/ältere	Brüder.

Kommst du gut mit ihm/ihr/ihnen aus?   *Do you get on well with him/her/them?*

ab und zu, manchmal   *sometimes*
außer wenn . . .   *except when . . .*
gar nicht   *not at all*
meistens   *mostly*
nie   *never*
Außer wenn er/sie in mein Zimmer kommt und mich stört!   *Except when he/she comes in my room and disturbs me.*

Meine Familie

Christine kommt auf Besuch.
Stell ihr deine Familie vor!

Die Verwandte

Wie heißen die fehlenden Wörter?

Männlich	Weiblich	Mehrzahl
Vater(¨)	Mutter(–)	Eltern
	Tante(n)	–
	Mutti	–
Bruder(¨)		
	Tochter(¨)	
		Enkelkinder
		Großeltern
Cousin(s)		–
	Oma(s)	–
Neffe(n)		
	Frau(en)	–
Stiefvater		
	Schwägerin(nen)	
	Schwiegermutter	
Patenonkel		

Wie viele Verwandte hast du?
Hast du jüngere oder ältere Geschwister?
Hast du Eltern oder Stiefeltern?
Hast du Cousins?
Leben deine Omas und Opas noch?

Kommst du gut mit ihnen aus?
Mit wem kommst du am besten aus?

das Ehepaar	*married couple*
der Patenonkel	*godfather*
der Schwager	*brother-in-law*
der Schwiegervater	*father-in-law*
der Stiefvater	*stepfather*

 **Meine Familie**

Unser Haus

Die Häuser sind anders als
die Häuser in Norddeutschland.
Sie sind meistens aus Holz
und haben einen schönen,
mit Blumen bedeckten, Balkon.
In Hamburg sind die Häuser
meistens aus Stein oder
Ziegeln.

Ein Bauernhof.

Ich wohne in	einem	alten neuen modernen zweistöckigen einstöckigen	Bauernhaus/Bauernhof. Haus. Einfamilienhaus. Mehrfamilienhaus. Bungalow.
	einer	kleinen großen	Wohnung. Mietwohnung. Eigentumswohnung. Kneipe.

Wo wohnen sie?

Kannst du diese Häuser beschreiben?

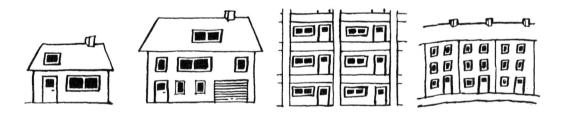

der Backstein *brick*   im ersten Stock
das Dach(¨er)   die Terrasse(n)
der Dachboden   die Tür(en)
das Erdgeschoß   wachsen *to grow*
das Fenster(¨)   der Weg(e)
die Garage(n)   der Windfang *porch*
der Garten(¨)   der Ziegel *brick*
das Haus(¨er)   das Zimmer(–)
das Holz *wood*

Der, die oder das?

Krankenhaus   Gasthaus
Schulhof   Badezimmer
Schlafzimmer   Kneipe
Rathaus   Treppenhaus
Bahnhof   Wohnzimmer
Fußboden   Küche
Eßzimmer   Eingangstür
Wintergarten   Schiebefenster
Gewächshaus   Keller
Wohnung   Flur

In was für einem Haus wohnst du?
Kannst du dein Haus beschreiben?

Zuhause

*Ich wohne lieber auf dem Land,
weil ich kein Stadtmensch bin.*

der Berg(e) *mountain*	der Ortsteil(e) *district*
das Dorf(¨er) *village*	die Stadt(¨e) *town*
der Fluß(¨sse) *river*	die Stadtmitte *town centre*
die Insel(n) *island*	der Stadtrand(¨er) *outskirts*
die Küste(n) *coast*	das Tal(¨er) *valley*
das Land(¨er) *country*	das Wohnviertel *residential area*
die Neubausiedlung(en) *new estate*	Ich wohne in/an/auf/neben + Dativ

Macht eine Umfrage. Wo wohnt ihr? Beschreibt eure Wohngegend.
Was findet ihr besser – auf dem Land oder in der Stadt zu wohnen?
Begründet eure Antworten – was sind die Vorteile und was sind die Nachteile?

WIEDERHOLUNG

Der Artikel

Der bestimmte Artikel:

MASK.	FEM.	NEUT.	PL.
der	die	das	die
den	die	das	die
des	der	des	der
dem	**der**	**dem**	**den**

Der unbestimmte Artikel:

MASK.	FEM.	NEUT.	PL.
ein	eine	ein	meine
einen	eine	ein	meine
eines	einer	eines	meiner
ein**em**	ein**er**	ein**em**	mein**en**

Adjektive nach dem bestimmten Artikel:

MASK.	FEM.	NEUT.	PL.
neue	neue	neue	neuen
neuen	neue	neue	neuen
neuen	neuen	neuen	neuen
neu**en**	neu**en**	neu**en**	neu**en**

Adjektive nach dem unbestimmten Artikel:

MASK.	FEM.	NEUT.	PL.
neuer	neue	neues	neuen
neuen	neue	neues	neuen
neuen	neuen	neuen	neuen
neu**en**	neu**en**	neu**en**	neu**en**

Wie sagt man das auf deutsch?

I live in a large town.
Christine lives in the mountains.
Thomas lives in an old village.
Sascha lives on a new estate.
Tanja lives in the town centre.

They live in a small village.
Katrin lives near the coast.
Knut lives in a valley near a river.
Marion lives near the sea.
Maximilian lives near the school.

Abfahrt Garmisch-Partenkirchen

	Zeit	Zug	Ziel / Verlauf	Gleis
⑥ bis 28. X., ab 21. IV. ✗🍴 **1**	**7.54**	*FD* 1987	*Werdenfelser Land* **Mittenwald 8.19** (– Innsbruck 9.23)	**3**
	8.00	🚋	Kochel 9.24 – Bad Tölz 10.00 – Bad Wiessee 10.50 – Tegernsee 11.16 – **Rosenheim 12.45**	Bahnh. Vorpl.
	8.00	🚋	Oberammergau 8.38 – Füssen 10.03 – **Oberstdorf 11.50**	Bahnh. Vorpl.
⑥ und † 🍴	**8.24**	E 3693	**Mittenwald 8.45**	**5**
⑥	**8.26**	5414	Ehrwald Zugspitzbahn 8.53 – **Reutte 9.21** (– Pfronten-St. 9.54 – Kempten 10.50)	**4**
🍴4)	**8.33**	E 3608	Murnau 8.59 – Weilheim 9.14 – **München 9.55**	**1**
⊗✗ **1**	**8.54**	1918	*Ammersee* Murnau 9.18 – Weilheim 9.37 – **Augsburg 11.05** 🚋 Dortmund 19.30	**1**
⑥ 6.I. bis 7.IV. **1**	**9.19**	*FD* 1989	*Werdenfelser Land* Mittenwald 9.39 – **Seefeld 10.03**	**6**
✗	**9.25**	*IC* 784	*Wetterstein* München 10.39 – Augsburg 11.20 – Würzburg 13.13 – Bebra 14.28 – Hannover 16.12 – **Hamburg-Altona 17.44**	**4**
🍴	**9.26**	E 3683	Mittenwald 9.46 – **Innsbruck 10.48**	**1**
🍴	**9.28**	E 3680	Ehrwald Zugspitzbahn 9.54 – **Reutte 10.22** (– Pfronten-St. 10.55 – Kempten 12.00)	**2**
🍴	**10.29**	E 3685	Mittenwald 10.50 – **Innsbruck 11.48**	**4**
🍴	**10.33**	E 3610	Murnau 10.56 – Weilheim 11.14 (– Augsburg ✗ 13.02) **München 11.55**	**1**
🍴 2. Kl.	**10.46**	5416	Ehrwald Zugspitzbahn 11.16 – **Reutte 11.44** (– Pfronten-St. 12.20 – Kempten 13.13)	**5**
🍴3)	**11.23**	E 3605	**Mittenwald 11.43**	**1**
✗	**11.25**	*IC* 128	*Karwendel* München 12.39 – Augsburg 13.20 – Würzburg 15.13 – Frankfurt (Main) Hbf. 16.37 – Frankfurt (Main) Flugh. 16.58 – Mainz 17.17 – Bonn 18.38 – Köln 19.00 – Hagen 19.51 – **Dortmund 20.13**	**4**
✗ ⑥ vom 30. IX. bis 28. X., 6.I. bis 26. V., auch 16. IV.	**12.08**	*IC* 782	*Ernst Barlach* München 13.32 – Augsburg 14.20 – Würzburg 16.13 – Bebra 17.28 – Hannover 19.12 – **Hamburg-Altona 20.46**	**1**
	12.10	🚋	Oberammergau 13.00 (– Füssen 14.45)	Bahnh. Vorpl.
2. Kl.	**16.38**	E 3684	Ehrwald Zugspitzbahn 17.05 – **Reutte 17.33** (– ✗ außer ⑥, auch 26. X., 22. XI., 8. XII. nicht 1. XI. Pfronten-St. 18.30 – Kempten 19.24)	**5**
21. XII. bis 13. I., 27. I. bis 7. IV.	**16.39**	*IC* 129	*Karwendel* **Mittenwald 16.59** – **Seefeld 17.31**	**1**
nicht 24., 31. XII.	**16.50**	🚋	Oberammergau 17.29 – **Füssen 18.50**	Bahnh. Vorpl.
	17.15	🚋	Kochel 18.28 – Bad Tölz 19.00 – **Tegernsee 20.05**	Bahnh. Vorpl.
2. Kl.	**17.27**	E 3613	**Mittenwald 17.47** (– Innsbruck 19.13)	**1**
🍴	**17.30**	E 3620	Murnau 17.56 – Weilheim 18.14 (– Augsburg 19.56) – **München 18.55**	**5**
23., 26. XII., ⑥ vom 30. IX. bis 28. X., 6.I. bis 26. V., bis 13. IV.	**18.03**	*IC* 783	*Ernst Barlach* **Mittenwald 18.30** – 23., 26. XII., ⑥ vom 6.I. bis 7. IV. **Seefeld 18.59**	**1**
🍴 2. Kl.	**18.26**	5424	Ehrwald Zugspitzbahn 18.53 – **Reutte 19.22** (– Pfronten-St. 20.30 – Kempten 21.25)	**2**
✗ außer ⑥ 2. Kl.	**18.27**	E 3617	**Mittenwald 18.47**	**1**
🍴	**18.30**	E 3686	Murnau 18.55 – Weilheim 19.15 (– Augsburg ✗ außer ⑥ 20.49) – **München 19.58**	**5**
⑥ und †	**19.05**	E 3678	Murnau 19.36 – Weilheim 19.56 – **Augsburg 21.03** 🚋 Nürnberg 22.47 – Lichtenfels 0.34	**1**
	19.30	5425	Mittenwald 19.51 – **Innsbruck 20.57**	**3**
🍴 2. Kl.	**20.05**	E 3688	Ehrwald Zugspitzbahn 20.35 – **Reutte 21.04**	**4**
✗	**20.05**	*IC* 785	*Wetterstein* **Mittenwald 20.25**	**1**
	20.07	E 3626	Murnau 20.36 – Weilheim 20.51 – **München 21.31**	**5**
✗ außer ⑥ 🍴	**20.27**	E 3621	**Mittenwald 20.47**	**1**
⑥ bis 28. X., 6.I. bis 7. IV., ab 21. IV., auch 23., 26. XII. ✗ **1**	**20.40**	*FD* 1988	*Werdenfelser Land* **München 21.51**	**1**
23. XII., 6.I. ⑥ vom 27. I. bis 17. III.	**21.00**	D 1416	Weilheim 21.48 – Augsburg 23.12 – Stuttgart 1.23 – Mainz 3.56 – Bonn-Beuel 5.37 – Köln 5.59 – **Dortmund 7.51**	**3**
26. XII. ⑥ 23. XII. bis 7. IV.	**21.10**	D 2798	Augsburg 23.08 – Würzburg 3.02 🚆 Hannover 7.08 – **Hamburg-Altona 9.14**	**2**

Abfahrt der Omnibusse vom Bahnhofvorplatz nach Ettal – Oberammergau:
✗ außer ⑥ 6.40, 16.10, 18.15; ✗ 7.10
täglich 8.00, 10.50, 12.10, 13.10, 16.50, 17.25, 19.10

Abfahrt der Omnibusse vom Bahnhofvorplatz nach Krün – Wallgau:
✗ 6.45, 10.30 ✗ außer ⑥ 13.00, 15.35
täglich 8.00, 12.10, 14.55, 17.15, 18.27

Zeichenerklärung:

IC **Intercity,** Nationaler Qualitätszug
(EC/IC-Zuschlag grundsätzlich erforderlich. Entgelt für Platzreservierung im EC/IC-Zuschlag enthalten. Für Reisegruppen Platzreservierung erforderlich.)

FD **Fern-Express,** qualifizierter Schnellzug
(zu Fahrausweisen bis 50 km [Zone 1 – 7] sowie zu Streckenzeitkarten ist Schnellzugzuschlag erforderlich).

D Schnellzug

E Eilzug

Ohne Buchstaben Zug des Nahverkehrs

Angaben in Klammern ( ) sind Anschlüsse

✗ an Werktagen

† an Sonn- u. **allgemeinen** Feiertagen

Fahrpläne

Wohin und womit fahren sie?

Wann kommen sie an?

Sie fahren

. . . um 10.46 Uhr ab Gleis 5.

. . . um 18.30 Uhr ab Gleis 5.

. . . um 21.00 Uhr ab Gleis 3.

. . . um 21.10 Uhr ab Gleis 2.

. . . um 16.38 Uhr ab Gleis 5.

. . . um 20.27 Uhr ab Gleis 1.

. . . um 8.00 Uhr vom Bahnhofsplatz.

Sonja fährt nach Mittenwald

Such die beste Abfahrtszeit, den Zug, die Richtung, die Ankunftszeit
und das Gleis für die folgenden Reisenden aus.

1 Heute will Sonja die Geigenbauschule in Mittenwald besuchen. Wann fährt sie am besten?
2 Die Familie Braun fährt nach dem Skiurlaub nach Köln zurück und wollen früh abends
 ankommen.
3 Elisabeth und Cornelia wollen heute vormittag auf die Zugspitze.
4 Sepp fährt heute Abend nach München zurück.
5 Heute nachmittag will Sascha Christine besuchen. Sie wohnt im Wallgau.
6 Übermorgen fährt Sonja nach Hause. Sie fährt am liebsten direkt.
 Welche Züge kannst du ihr empfehlen?
7 Elke und Anton machen einen Tagesausflug nach Innsbruck. Wann fahren sie am besten ab?
8 Sascha will auf dem Tegernsee windsurfen. Wann fährt er am besten los?

Mit dem Zug

Du möchtest mit Sonja nach Mittenwald oder nach Hamburg fahren.
Bilde passende Dialoge.

Wann fährt der nächste Zug nach ...?

Muß ich Zuschlag bezahlen?

Wann kommt der Zug in ... an?

Muß ich umsteigen?

Wo fährt er ab?

Gibt es ein Restaurant im Zug?

Einmal	einfach nach ...	
Zweimal	nach ...,	hin und zurück.

Wieviel kostet das?

anderthalb *one and a half*
die Einzelkarte(n) *single ticket*
der Entwerter *ticket cancelling machine*
der Erwachsene/r *adult*
der Fahrkartenschalter *ticket office*
der Fahrplan(¨e) *timetable*
das Kind(er) *child*
die Rückfahrkarte(n) *return ticket*

Mittenwald

Sonja besucht die Stadt

Mittenwald liegt zwischen Garmisch-Partenkirchen und der österreichischen Landesgrenze. Mit 912,6m über dem Meer ist Mittenwald der höchstgelegene Luftkurort und Wintersportplatz der Bayerischen Alpen. Umrahmt von den hochalpinen Gipfeln der Bayerischen und Tiroler Alpen wird Mittenwald ein beliebter Ferienort im Winter sowie im Sommer.

In Mittenwald stehen dem Wanderer autofreie Wanderzonen zur Verfügung. Dem Bergsteiger ist Mittenwald ein idealer Ausgangspunkt für Touren und der Kletterer kann bis zu extremste Schwierigkeitsgrade vorfinden. Für trittsichere und schwindelfreie Bergwanderer gibt es auch mehrere mehrtägige Hütten- und Bergwanderungen im Angebot. Auf den vielen Seen der Umgebung kann man verschiedene Wassersporten treiben.

Wintersportarten sind Eislaufen, Eisstockschießen, Curling, Rodeln, Abfahrts- und Langlaufski. Es gibt auch eine Tennishalle, eine Reithalle, ein Hallenbad, Sportanlagen und einen Fahrradverleih. Fischen kann man auf den vielen kleinen Seen mit einer Angelkarte.

Mittenwald hat bis in unsere Zeit sein altes Aussehen bewahrt. In der Stadtmitte steht die Kirche mit einem buntbemalten Turm. Die Hausmalerei stammt aus dem 17. und 18. Jahrhundert und auch nach 200 Jahren sind sie noch rein erhalten, da sie mit Naturfarben auf den feuchten Putz gemalt wurden. Die Tradition der Hausbemalung wird bis heute fortgeführt.

Where is Mittenwald situated?
What surrounds it?
For whom is it recommended?
What sports can you do there?
When does the tradition of painting the houses date from?
How was it done?

Die Kurverwaltung

Du möchtest Mittenwald besuchen.
Schreib einen Brief an die Kurverwaltung
und bitte um nähere Informationen.
Hier ist die Adresse:
Mittenwald Kurverwaltung
Dammkarstraße 3
8102 Mittenwald
Postfach 249

Bayern	*Bavaria*
bergsteigen	*to climb*
beliebt	*favourite*
bewahren	*to preserve*
bunt	*colourful*
feucht	*damp*
fort/führen	*to continue*
der Gipfel(n)	*summit*
die Grenze(n)	*border*
die Hütte	*mountain inn, hostel*
klettern	*to rock climb*
der Kurort	*spa*
malen	*to paint*
der Putz	*plaster*
rein	*clean, pure*
der Schwindel	*vertigo*
sowie	*as well as*
stammen aus	*to date from*
die Umgebung	*the surrounding area*
umrahmen	*to surround*
verschieden	*different*
zur Verfügung	*available*

In der Geigenbauschule

Mein Name ist Anton Sprenger. Ich bin 20 Jahre alt und lebe in Mittenwald, wo meine Eltern ein Haushaltwarengeschäft betreiben. Ich habe gerade meine Ausbildung an der Geigenbau-Schule beendet. In meinen drei Jahren dort habe ich meine Geigen gebaut. Nun gehe ich als Geselle nach Den Haag. Ich werde Mittenwald und meine Freunde sehr vermissen.

Ich bei der Arbeit.

Warum wird Anton seine Freunde sehr vermissen? Wie lange dauert die Lehre als Geigenbaugeselle?

die Ausbildung	*training, apprenticeship*
der Geselle	*apprentice*
Den Haag	*Hauptstadt von Holland*

Geigenbau

Durch seinen Geigenbau ist Mittenwald seit dem 17. Jahrhundert berühmt. Gegen Ende des 17. Jahrhunderts kehrte Matthias Klotz, der den Geigenbau in Italien studiert hatte, nach Mittenwald zurück und hat ein eigenes Geigenbauzentrum gegründet.

Er bildete nicht nur seine Söhne sondern auch andere Jungen aus, und so begann die Mittenwalder Geigenbauschule. Die heutige Geigenbauschule wurde im Jahr 1858 geöffnet. Jetzt kommen Schüler aus der ganzen Welt, um in Mittenwald die Kunst des Geigenbaues zu erlernen.

berühmt	*famous*
ganz	*whole*
gründen	*to found*
kehren	*to return*
die Kunst	*art*
sondern	*but*
um ... zu	*in order to*
die Welt	*the world*

When does the violin industry in Mittenwald date from?
Who founded it?
What was opened in 1858?

Weil Fasching ist . . .

Mittenwald ist berühmt für seinen Fasching,
der jedes Jahr im Februar stattfindet.
Die Männer und Jungen verkleiden sich und
ziehen durch die Straßen. Auch Kinder feiern
Fasching. Es macht viel Spaß.

Fastnacht und Fasching wird in der Zeit
zwischen Dreikönig und Aschermittwoch
gefeiert. In dieser Zeit herrscht das
Fleckelgewand, eine mit Flecken bekleidete
Gestalt, die ihr Gesicht hinter einer
Holzmaske versteckt.

Punkt 12.00 Uhr beginnen die Schellentrührer
den Tanz, mit dem sie den Winter austreiben.
In einem langsamen, rhythmischen Hüpfen
ziehen sie durch die Straßen.

aus/treiben	*to drive out*
das Fleckelgewand	*patchwork outfit*
das Gesicht	*face*
die Gestalt	*form*
herrschen	*to rule*
hüpfen	*to hop*
langsam	*slow*
die Schelle(n)	*bell*
verstecken	*to hide*

- Kannst du die Kostüme
  beschreiben?

Tracht

Anton zieht sich an.
Hier schminkt er sich.

Sein Onkel hilft ihm beim Anziehen.
Das Kostüm gehört seit Jahren zu
seiner Familie.

In Mittenwald trägt man die Werdenfelser Tracht.
Bei den Männern gehört
die schwarze Kniebundlederhose,
die roten, mit grün eingefaßten Hosenträger,
ein weißes Leinenhemd, dazu das buntseidene
Fransentuch, der Leibgurt,
die Baumwollstrümpfe und die schwarzen
Schnallenhalbschuhe zur alten Tracht.
Auf dem Kopf tragen sie einen hohen Hut mit
Quasten und Hahnfeder.

What is the German for:

braces	head-square
brush or tuft	leather
buckles	linen
cockerel feather	shirt
colourful	silk
cotton	traditional costume
fringe	

● Kinder machen auch mit. Kannst du ihre
  Trachten beschreiben?

das Dirndl
die Schürze   *apron*
die Spitze   *lace*
das Leibchen   *bodice*

Sonjas Brief

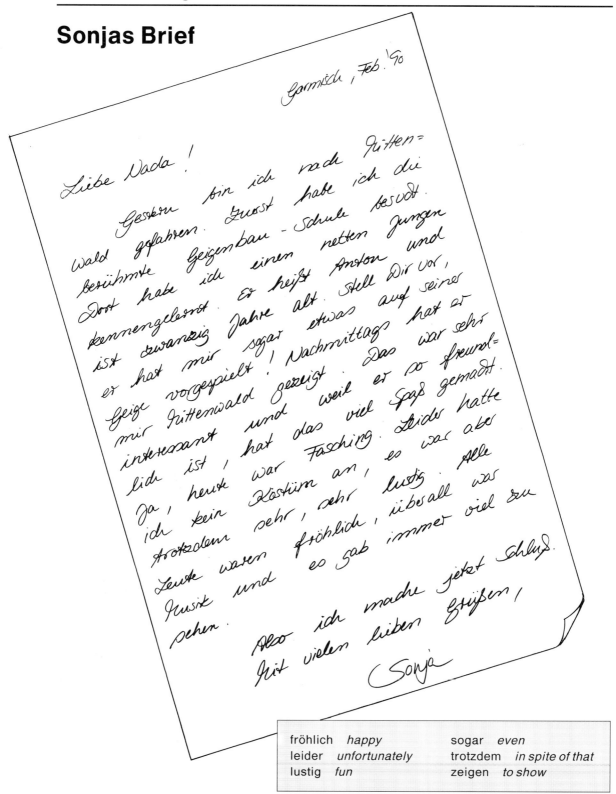

Garmisch, Feb. '90

Liebe Nada!

Gestern bin ich nach Mitten=
wald gefahren. Zuerst habe ich die
berühmte Geigenbau-Schule besucht.
Dort habe ich einen netten Jungen
kennengelernt. Er heißt Anton und
ist zwanzig Jahre alt. Stell Dir vor,
er hat mir sogar etwas auf seiner
Geige vorgespielt! Nachmittags hat er
mir Mittenwald gezeigt. Das war sehr
interessant und weil er so freund=
lich ist, hat das viel Spaß gemacht.
Ja, heute war Fasching. Leider hatte
ich kein Kostüm an, es war aber
trotzdem sehr, sehr lustig. Alle
Leute waren fröhlich, überall war
Musik und es gab immer viel zu
sehen.
          Also ich mache jetzt Schluß.
    Mit vielen lieben Grüßen,
                    Sonja

fröhlich *happy*	sogar *even*
leider *unfortunately*	trotzdem *in spite of that*
lustig *fun*	zeigen *to show*

Der Wetterbericht

Heute: 15. Februar

Wechselnd bewölkt mit Aufheiterungen und einzelnen Schauern. Tageshöchsttemperaturen um 5, im Bergland bei O Grad C. Tiefsttemperaturen in der kommenden Nacht O bis -5 Grad C. Schwacher bis mäßiger, mitunter böig auffrischender westlicher Wind.

Morgen:

Wechselnd bewölkt und zeitweise Regen bzw. Schnee, im Bergland etwas kühler. Örtlich leichter Bodenfrost.

Wetterlage:

Am Rande eines Tiefdrucksystems über den Britischen Inseln und Skandinavien strömt kühle Meeresluft in unseren Raum.

Das Wetter: *Wechselhaft*

Wie ist das Wetter heute? Wie war das Wetter gestern? Wie wird das Wetter morgen?

● Und wie ist das Wetter bei dir? Schreib einen Wetterbericht.

Die Jahreszeiten

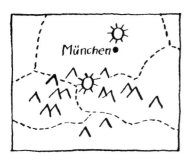 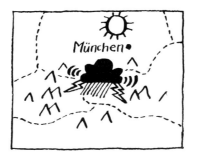 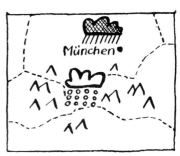

Welche Jahreszeit ist es?
Was würdest du bei so einem Wetter machen?

der Winter	der Herbst
der Frühling	der Winter

Junior-Paß	50 % auf den normalen Fahrpreis sowie auf Zuschlägen für IC-, FD- und D-Züge	12 bis einschließlich 22 Jahre, Studenten bis einschließlich 26 Jahre	1 Jahr	110 DM
Tramper-Monats-Ticket	Netzkarte für das gesamte Schienen- und Bus-Netz der DB	bis einschließlich 22 Jahre, Studenten bis einschließlich 26 Jahre	1 Monat	238 DM, für Inhaber des Junior-Paß nur 206 DM
Inter-Rail	50 % auf Strecken der DB, in 21 Ländern in Europa (einschließlich Marokko) ohne weiteren Fahrausweis	bis einschließlich 25 Jahre	1 Monat	410 DM
Twen-Nacht-tramper	Liegewagenplatz ohne Bettzeug in 3 Zugpaaren: Kopenhagen – Aachen, München – Hamburg, München – Dortmund	bis einschließlich 26 Jahre		4 DM
BIJ-Fahrausweise von Eurotrain Transalpino Wasteels	Fahrausweise für einfache Fahrt sowie Hin- und Rückfahrt auf DB-Netz und nach Berlin sowie nach fast allen europäischen Ländern mit unterschiedlich hoher Ermäßigung	bis einschließlich 25 Jahre	international 2 Monate DB: einfache Fahrt 2 Tage, Hin- und Rückfahrt 2 Monate	individuell nach Reisestrecke

1 Bahn für junge Leute

- **Junior-Paß**
  Who can use a *Junior-Paß*?
  What reduction do you get?
  What trains can you use it on?
  How long does it last?
  What does it cost?
- **Tramper-Monats-Ticket**
  What trains can you use it on?
  How long does it last?
  What does it cost?

- **Inter-Rail**
  What reduction do you get?
  What trains can you use it on?
  How long does it last?
  What does it cost?
- **Twen-Nachttramper**
  What do you get for your 4 DM?
  What are the age limits?
- What is the advantage of a Transalpino ticket?
  What are the age limits on its use?

2 Kurze Texte

a What is on sale here?

b What do you get for 5 DM?

d What is this sign pointing to?
Why do you have to be careful?

c Why should you be careful?
What are you told to do?

e What happens between 20.15 and 6.00?

f What may you not do here?

Günstige Eigenschaften:
liebenswürdig, zuverlässig,
treu, Neigung zu Okkultismus

Ungünstige Eigenschaften:
zornmütig, phantastisch

g What does the notice say
about dogs and bicycles?

h This sign is in the
youth hostel. Which five
rooms does it point the
way to?

i What favourable and
unfavourable
characteristics does this
attribute to Aquarians?

SCHREIBPROGRAMM

Wir feiern!!!

*Unser Faschingsball
findet am Dienstag den 15. Februar
von 17.00 Uhr bis 23.30 Uhr statt.*

*Wir laden Euch freundlich ein.
Bitte Kostüm tragen!*

Grillfete am Reiterhof

Eigene Würstchen mitbringen
Brot und Cola sind vorhanden

- You are staying in Wallgau with Christine's family. Whilst you are there Sonja and Anton are organising a fancy dress *Faschingsball*. They have asked you to draw up the invitations. It will be held at Anton's house (25 Bergstraße, Mittenwald) on Tuesday 15th Feb from 8 p.m. till midnight. There will be a buffet with cold meats and hot dogs but guests are asked to bring drinks with them. Fancy dress is compulsory.

- Now you are back home. Write a letter to Christine's parents thanking them for their hospitality (*duzen oder siezen?*).

- You would like Christine to come and stay with you in the summer holidays after your exams. Write a letter inviting her and suggest dates when she might come. Tell her something about the other members of your family and what you are going to do whilst she is staying with you (*duzen oder siezen?*).

*die Gastfreundlichkeit
es hat mich gefreut
es hat Spaß gemacht*

1 Garmischer Jugend

Wie alt sind sie, wo wohnen sie und auf welche Schule gehen sie?

	Alter	Wohnort	Werdenfels oder St Irmengard-Gymnasium
Boris Steffi Eva Christine			

2 Am Bahnhof

a Wohin fährt der Zug auf Gleis 4?
b Wann fährt der Zug auf Gleis 7 ab?
c Wann kommt der Zug auf Gleis 3 an?
d Woher kommt der ankommende Zug auf Gleis 1?
e Wann kommt der Zug auf Gleis 8 an?

3 Reisen

Wohin fahren sie und was für Karten kaufen sie?

4 Ferien

Wie heißen sie und wo haben sie ihre Ferien verbracht?

5 Garmisch in den Ferien

Was kann man in Garmisch im Winter und Sommer machen?
Was meinen Elke, Sascha, Sandra und Niklas?

6 Der Wetterbericht

Wie wird das Wetter heute, und morgen?
Seht die Wetterkarten an. Stimmen sie?

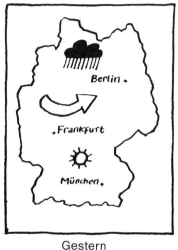 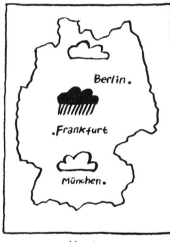 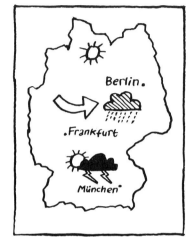

| Gestern | Heute | Morgen |

7 Sport

Welche Sportart wird hier beschrieben?

8 Eine Fete!

Wann und wohin seid ihr eingeladen?

LERNZIELKONTROLLE

1 **You should be able to:**

introduce the other members of your family;
say how you get on with them;
tell someone about your house and the area where you live;
ask for information about trains and buy tickets;
exchange information about the weather;
ask and talk about holiday activities.

ROLLENSPIEL

Ein Besuch

Christine is coming to stay with you.
Introduce her to your parents.

> Es freut mich, Sie kennenzulernen.

Introduce her to the rest of your family.

> Ich habe einen älteren Bruder.
> Er beschäftigt sich immer mit seinem Computer.

Ask her about her journey.

> Es hat alles gut geklappt.

Ask her if she is tired.

> Ja, ein bißchen.

Ask her if she would like something to drink.

> Ja, kann ich bitte einen Kaffee haben?

Ask her if she wants milk and sugar.

> Milch bitte, keinen Zucker.

Ask her if she is hungry.

> Ja, ein bißchen.

Tell her you will be eating at seven and ask if she would like something before then e.g. a sandwich.

> Ja, bitte, ein Schinkenbrot wäre gut.

Mit der Stoppuhr!

Kannst du eine Minute über deine Familie erzählen?

> Es freut mich.
> Darf ich meine Familie vorstellen?
> Darf ich duschen?
> müde   *tired*

Kapitel 13

München stellt sich vor

*Hallo – da bin ich wieder! Ich hatte eine tolle
Zeit in den Bergen und nun will ich mir die
bayerische Hauptstadt München anschauen.*

*Natürlich gibt es hier unheimlich viele Touristen,
doch viele Leute sind auch geschäftlich hier.
Hier erstmal einige Bilder,
um Euch einen Eindruck von der Stadt zu geben:*

Über München

Der 290 m hohe Olympiaturm.

Die Domkirche wird auch Frauenkirche genannt.

Die Mariensäule befindet sich auf dem Marienplatz.

Am Viktualienmarkt kann man Käse, Brot, Fleisch, Obst, Gemüse und Gewürze aus aller Welt kaufen.

Der Englische Garten ist die größte Grünanlage einer westdeutschen Großstadt. Er wurde nach den Ideen des englischen Landschaftsgärtners Capability Brown gestaltet.

Die Isar entspringt in Tirol und fließt in die Donau.

Das Hochhaus der Bayerischen Motorenwerke (BMW) hat die Form eines Vierzylinder-Motors.

Das Olympiastadion wurde für die olympischen Spiele 1972 gebaut.

Das Schloß Nymphenburg wurde als Sommerresidenz gebaut. Kurfürst Ferdinand Maria hat es seiner Frau im Jahre 1662 geschenkt, als ihr Sohn geboren wurde.

Das berühmte Hofbräuhaus wurde 1896 gebaut.

Am Hauptbahnhof kann man in die S-Bahn oder U-Bahn umsteigen.

Das neue Rathaus mit neugothischer Fassade und Glockenspiel liegt am Marienplatz.

Das Karlstor stammt aus dem 14. Jahrhundert.

● Such den passenden Text für jedes Bild.

Landeskunde

München ist die Hauptstadt Bayerns. Mit 1 294 000 Einwohnern die Stadt ist, nach West Berlin
(1 883 800) und Hamburg (1 640 000), die drittgrößte Stadt Deutschlands. Bayern ist der Fläche nach
das größte Land der Bundesrepublik und hat mit 10 959 500 Einwohnern, nach Nordrhein-
Westfalen (17 028 200), die zweitgrößte Einwohnerzahl.

1945, nach dem zweiten Weltkrieg, wurde Deutschland in vier Besatzungszonen aufgeteilt.
Die vier Besatzungsländer waren die USA, die Sowjetunion, Großbritannien und Frankreich.
Berlin wurde jeweils auch in vier Sektoren aufgeteilt. Aus den drei Westzonen wurden später
im Jahre 1949 die Bundesrepublik gebildet und aus der Ostzone entstand die DDR.
Bayern gehörte zum amerikanischen Sektor.

Erst im Jahre 1990 wurde Deutschland wieder vereinigt, und seit dem ersten Juli 1990 wurden die
Grenzen zwischen der BRD und der DDR geöffnet, die Berliner Mauer abgebrochen und die
Wachtürme abgebaut. Die 15 Bezirke der DDR wurden zu fünf Ländern zusammengefaßt.

Which is the city with the most inhabitants?
Which is the biggest *Land*?
Which *Land* has the largest population?
What happened in 1945? What happened in 1949?
What happened in 1990?

● Wie heißen die 16 Länder?
Fünf fangen mit *B* an, zwei mit *H*, zwei mit *N*, eins mit *R*, vier mit
S, eins mit *M* und eins mit *T*.

● Kannst du diese Hauptstädte den Ländern zuordnen?
München, Kiel, Saarbrücken, Bremen, Hamburg, Berlin,
Wiesbaden, Stuttgart, Hannover, Mainz, Düsseldorf, Potsdam,
Magdeburg, Erfurt, Schwerin, Dresden.

ab/bauen	*to demolish*
ab/brechen	*to demolish*
die Besatzung	*occupation*
bilden	*to form*
ehemalig	*former*
erst	*first, only*
die Fläche	*area*
die Grenze(n)	*border*
jeweils	*at the same time*
der Krieg	*war*
seit	*since*
teilen	*to divide*
vereinigen	*to unite*
zwischen	*between*

 Geschichte – Deutschland 1990

Aus der Geschichte Münchens

Die Stadt München liegt an der Isar. Dort lebten früher nur ein paar Bauern und Benediktinermönche. Sie wurde als «der Ort zu den Mönchen» bekannt, deshalb der heutige Namen *München*.

Hier hat Herzog Heinrich der Löwe im Jahre 1156 eine Brücke über den Fluß gebaut. Die nahegelegene Brücke des Bischofs von Freising hat er niedergebrannt, so daß ihm die Leute, die den Fluß überfahren wollten, Zoll bezahlen mußten!

München lag auf der lukrativen Salzstraße, die von den südlichen Salzgebieten, (wo Salz zu gewinnen war), nach Norden führte. Das Wort Salz kommt auch heute noch in den Namen Salzburg und Salzkammergut vor. Der Salzhandel machte den Ort reich und führte im Jahre 1158 zur Stadtgründung.

München ist jetzt als Handelsstadt weltbekannt. Hier finden viele Messen, Kongresse und Konferenzen statt. Sie ist auch eine große Studentenstadt mit mehr als 80 000 Studenten.

Eine halbe Autostunde zum Surfen und Wassersport an die zahlreichen nahegelegenen Seen, eine Stunde zu den Skigebieten und Bergen, vier Stunden an die Adria; in München selbst – acht große Theater, 73 Kinos, mehrere Musikkneipen, zahlreiche Discos und Nachtlokale – welcher Wunsch bleibt da noch offen?

Was für eine Stadt ist München?
Wie heißt der Fluß?
Warum hat Heinrich der Löwe eine Brücke niedergebrannt?
Welche Straße führte von Süd- nach Norddeutschland?
Warum wurde München eine reiche Stadt?

Stadt- oder Landleben?

Wo wohnen sie lieber – in der Stadt oder auf dem Land?
Was meinst du?
a Das Wetter ist hier meist schöner,
und es ist nicht alles so hektisch.
b Man hat hier so viele Freizeitmöglichkeiten,
und es ist so schön grün.
c Ich mag das Klima, die Leute, einfach alles.
d Ich wohne lieber hier, weil es eine schöne Stadt ist.
e Ich wohne lieber hier, weil man hier ziemlich viel
unternehmen kann.
f Es gibt viele Cafés, Plattengeschäfte und Kinos.
g Es ist mir zu langweilig. Man kann zwar ins Kino und in die
Discos gehen aber sonst ist hier nicht viel los.
h Ich wohne lieber hier, weil die Natur schöner ist.
i Man kann in einen Biergarten gehen, und es gibt viele Parks.
j . . ., weil hier die Umweltverschmutzung nicht so stark ist.

München – Weltstadt mit Herz

Stadtbesichtigung

Wenn ich Tourist wäre, würde ich zuerst den Marienplatz besichtigen. Bei warmem Wetter würde ich draußen in einem Café am Marienplatz sitzen und eine Tasse Kaffee und ein Stück Zwetschgendatschi (Pflaumentorte) mit Sahne bestellen. Ich würde mir das Glockenspiel um elf Uhr anhören. Danach würde ich die Frauenkirche besichtigen und dann zum Englischen Garten gehen.

Das Olympiastadion ist auch sehenswert. Fahren Sie den Olympiaturm hoch, und genießen Sie die Aussicht. Bei schönem Wetter kann man die Alpen sehen. Man sollte auch unbedingt einen Ausflug zum Schloß Nymphenburg machen und abends darf ein Bummel durch die Biergärten oder Kneipen im Künstlerviertel Schwabing nicht fehlen.

Sehenswert ist auch der Viktualienmarkt, wo man allerlei Lebensmittel, frisches Obst und Gemüse aus aller Welt kaufen kann. Er findet aber nur vormittags statt. Ein Besuch im Hofbräuhaus ist Pflicht.

Wenn ihr mehr Zeit habt, könnt ihr auch die Filmstudios in Geiselgasteig besuchen. Das ist interessant. Für Kinder bis 14 Jahre kostet es nur 6 DM und für Erwachsene kostet es 10 DM. Geiselgasteig erreicht man mit der Tram-Linie 25 ab Hauptbahnhof bis Haltestelle Bavariafilmplatz. Man kann an einer Studioführung teilnehmen und eine Stuntshow sehen.

---

um . . . zu   *in order to*
weil . . . *verb*   *because*

Was empfiehlt Florian?
Warum sollte man um 11 Uhr auf den Marienplatz gehen?
Warum sollte man den Fernsehturm hochfahren?
Warum sollte man abends Schwabing besuchen?
Was sollte man in Geiselgasteig besuchen? Würdest du gerne dort hinfahren?
Was würdest du machen, wenn du nur einen Tag in München hättest?

What does Florian recommend that you see in Munich?
What is a *Zwetschgendatschi*?
What would you expect to do at the *Hofbräuhaus*?
How much would you have to pay to visit the film studios?
How would you get there?

● Plan out what you would do on a two-day trip to München.

Wo befinden sich die Sehenswürdigkeiten?

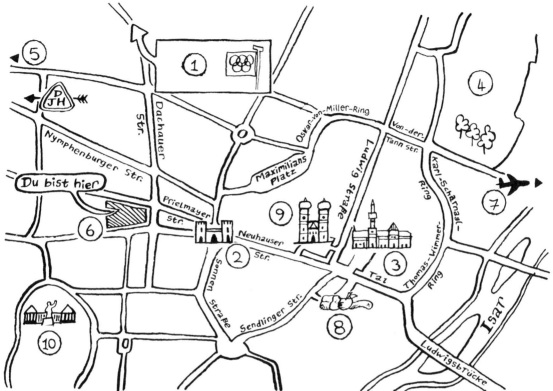

Nymphenburg	das Olympiastadion
der Flughafen	Englischer Garten
das Karlstor	der Bahnhof
das Messegelände	das Rathaus
Viktualienmarkt	Frauenkirche

Wie kommt man . . .?

Bilde Dialoge. Erkundige dich nach dem Weg zu den verschiedenen
Sehenswürdigkeiten. Du bist am Hauptbahnhof.

Dein Wohnort

Was für ein Ort ist es?
Wie viele Einwohner gibt es ungefähr?
Wie ist die Gegend?
Wo kann man übernachten?

Welche Sehenswürdigkeiten gibt es zu besichtigen?
Wie ist das Wetter im Sommer und im Winter?
Was kann man im Sommer und im Winter machen?
Entwirf eine Broschüre für deinen Wohnort.

- Florian is coming to visit you. Write him a letter telling him something about your town and
  what places of interest there are in the neighbourhood. Outline what you might do during his
  visit and tell him what sort of weather he might expect and what clothes he should bring.

Der Stadtplan

Substantive

Der, die oder das? Woher weißt du das?

das Stadtzentrum	die Feuerwehr
... Innenstadt	... Krankenhaus
das Geschäftsviertel	der Bahnhof
... Hauptstraße	... Busbahnhof
die Post	... Hauptbahnhof
... Rathaus	der Flughafen
die Bibliothek	... Hafen
... Pinakothek	die Autobahn
art gallery	... Verwaltungshaus
das Theater	*council offices*
... Kino	der Stadtpark
das Hotel	der Fernsehturm
das Verkehrsamt	die Polizeiwache
... Auskunftsbüro	

Im Verkehrsamt

Du arbeitest im Verkehrsamt. Erkläre jemandem, wo sich die folgenden Gebäude befinden:

a Hauptbahnhof **d** Post **g** Rathaus
b Polizeiwache **e** Krankenhaus **h** Bibliothek
c Busbahnhof **f** Kino **i** Park

Arbeite mit einem Mitschüler. Bildet Dialoge.

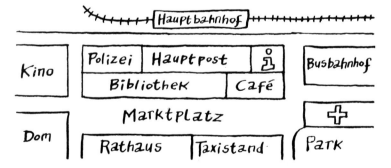

Du möchtest zu den folgenden Plätzen und Gebäuden. Wie fragst du nach dem Weg? Zum oder zur?

a Schule **d** Post **g** Bahnhof
b Bank **e** Parkhaus **h** Haltestelle
c Krankenhaus **f** Taxistand **i** Jugendherberge

Präpositionen ...

Wo?
in **der** ... straße
auf **der** rechten Seite
auf **der** linken Seite
gegenüber **der** Post
neben **dem** Bahnhof
vor **dem** Kino
hinter **dem** Dom

... mit Dativ

> Dativfall!
> **dem   der   dem   den**

aus   *from, out of*
außer   *except*
bei   *at*
gegenüber   *opposite*
mit   *with*
nach   *after (to)*
seit   *since*
von   *from*
zu   *to*

... Dativ oder Akkusativ

an   *on, at*
auf   *on*
hinter   *behind*
in   *in*
neben   *near*
über   *above, over*
unter   *below*
vor   *in front of*
zwischen   *between*

Im Auskunftsbüro

Say excuse me and ask for a town plan.

> Ja, Bitte schön.

Ask the way to the station/hotel/airport etc.

> Ja, siehst du. . . . ist hier auf dem Plan.

Ask if it is far.

> Etwa zehn Minuten zu Fuß.
> Du biegst links in die Müllerbrücke.

Say that you haven't understood and ask for clarification.

> Du gehst hier geradeaus und dann links in die Müllerbrückestraße.

Ask if you can use public transport to get there.

> Ja. Am besten fährst du mit der Straßenbahn, Linie 12.

Ask where the nearest stop is.

> Direkt hier gegenüber.

Ask if you can *keep the plan.

> Bitte sehr.

Say thank you and goodbye.

| *behalten | *to keep* |

Wohin wollen sie?

Kannst du den Weg erklären?

Sie nehmen Du nimmst	die	erste zweite	Straße	rechts. links.

Sie gehen Du gehst	hier geradeaus. an dem/der . . . vorbei.

Wie komme ich am besten
. . . zum Postamt?   . . . zum Rathaus?
. . . zum Bahnhof?   . . . zum Hotel?
. . . zur Autobahn?   . . . zum Freibad?

Kannst du den Weg von deiner eigenen Schule
zum nächstgelegenen Bahnhof erklären?

In der Stadt – als Fußgänger

die Ampel *traffic lights*	der grüne Mann
die Brücke(n)	das Schild(er) *sign*
die Bushaltestelle(n)	die Straße(n)
die Fußgängerzone(n)	die S-Bahnstation(en)
der Gehweg(e) *pavement*	die U-Bahnstation(en)
die Kreuzung(en) *cross roads*	die Unterführung(en) *subway*

mussen	du mußt	Sie müssen	*to have to*
dürfen	du darfst	Sie dürfen	*to be allowed to*
können	du kannst	Sie können	*to be able to*

acht/geben	*to take care*
auf/passen	*to watch out*

Was ist hier nicht erlaubt?

Radfahren im Park nicht gestattet

Unbefugten ist der Zutritt nicht erlaubt

Ballspiele sind untersagt

Fußgänger
Warten bis Fahrbahn frei

Bitte den Rasen nicht betreten

Hunde sind an der Leine zu führen

Privatweg
Benutzung auf eigene Gefahr

Rauchen
Verboten

Fußgängergehweg gegenüber benützen

Betreten der Baustelle verboten

Betreten der Wiese verboten

ACHTUNG
Fahrzeugverkehr von rechts

Das Befahren mit Mopeds, Mofas, und Fahrrädern ist untersagt

In der Stadt – als Autofahrer

abbiegen *to turn (corner)*
bleifrei *lead free*
das Benzin *petrol*
die Einbahnstraße(n) *one-way street*
gebührenfrei *free*
gebührenpflichtig *paying*
der Kreisverkehr *roundabout*
der Lkw → Lastkraftwagen *heavy goods vehicle*
die Parkuhr *parking meter*
der Parkplatz(⁼e) *parking place*
das Parkhaus(⁼er) *covered car park*
der Parkschein *parking ticket*
die Parkgebühr(en) *parking fee*
das Parkverbot *parking forbidden*
der Pkw → Personenkraftwagen *car*
die Schranke(⁼) *level crossing*
die Tankstelle(n) *petrol station*
die Tiefgarage *underground garage*
verbleit *leaded*
die Vorfahrt *right of way*
volltanken *to fill up*

a Geöffnet
von **7 – 19** Uhr
Parkgebühr DM -,80/Std.
Bitte anhalten

c P
Nur für Pkw.
Kräder, Fahrräder

d Höchstparkzeit
60 minuten
O →

e Einbahnstraße →

a Wo kann man hier parken?
b Wann kann man hier parken?
c Wer darf hier parken?
d Wie lange kann man hier parken?
e Was muß man hier tun?
f Was muß man hier machen?
g Wer darf hier fahren?
h Was muß man hier machen?

f Vor Abholung des Wagens an der Kasse zahlen →

g Städt. Busse Straßenbahn und Taxi frei

Anliegerverkehr frei

h Gebührenpflichtig samstags u. sonntags von 8-18 Uhr

Und in deiner Stadt?
Wo kann man parken?
Wie lange darf man parken?

TAKE TICKET WITH YOU
PAY AT KIOSK IN TERMINAL

Was muß man machen, wenn man hier parkt?
Kannst du das auf deutsch erklären?

SHORT STAY
PAY AND DISPLAY
at machine ticket on windscreen
CHARGES
Monday to Saturday 8.00 a.m. to 6.00 p.m.
Up to 30 minutes 15p
Up to 1 hr 30 mins 40p
Up to 2 hrs 30 mins 70p
Per hour thereafter 60p

MESSESTADT MÜNCHEN

München ist weltbekannt für die vielen Messen, die hier stattfinden. Mit seinen mehr als 30 Messen und Ausstellungen gehört München zu den führenden internationalen Messemetropolen. Alljährlich kommen 1, 7 bis 2 Millionen Besucher, mehr als 20 000 Aussteller und bis zu 12 000 Journalisten aus aller Welt. Vielleicht kommt auch ihr zuerst einmal als Geschäftsleute hierher, und nicht als Touristen.

Ich bin zur Messe hier

«Ich bin Vertreterin für Karrimor Produkte in Deutschland. Ich spreche schon seit sieben Jahren Deutsch. Ich habe Deutsch zuerst an der Schule gelernt und danach an der Universität. Es ist keine einfache Sprache aber ich brauche sie für meine Arbeit. Ich arbeite hier in München auf dem Stand von Karrimor.»

«Mein Name ist Beverley. Ich komme aus den Vereinigten Staaten, aus Texas. Ich spreche seit 15 Jahren Deutsch. Ich muß Deutsch sprechen, weil ich hier lebe und außerdem bin ich auf der ISPO zwei Mal im Jahr und da muß ich ja Deutsch sprechen.»

«Ich heiße Paul. Ich komme aus England und ich verstehe viel Deutsch aber ich spreche nur ein bißchen. Ich muß Deutsch lernen, weil ich oft in Deutschland bin. Zur Zeit arbeite ich hier in München. Ich tanze für eine Sportshow.»

Paul mit seinen Tanzkollegen.

Was machen Jane, Beverley und Paul in München?

● What sort of language do you think they need?
  Make Paul a phrase book explaining how to ask the way and give directions.

Das derzeitige Messegelände liegt auf der Theresienhöhe und umfaßt 330 000 Quadratmeter, davon 150 000 Quadratmeter Hallenfläche. Das Gelände ist so groß, daß man einen kostenlosen Buspendelverkehr eingerichtet hat – die Busse fahren zwischen den verschiedenen Hallen hin und her.

Es gibt insgesamt 25 Hallen, zwei Postämter, zehn Restaurants, mehrere Imbißbuden, einen Biergarten (bei schönem Wetter), ein Blumengeschäft, wo man Pflanzen und Blumen für den Stand kaufen kann und mehrere kleine Geschäfte, wo man allerlei Artikel, wie z.B. Aschenbecher, Plastikbesteck und Pappteller, kaufen oder leihen kann. Es gibt auch mehrere Geldwechselschalter, zwei Sanitätswachen, zwei Pressezentren und ein Reisebüro.

In München-Riem wird schon bald ein neues Messegelände auf den jetzigen Flughafen gebaut werden. Der neue Flughafen wird bereits gebaut.

«Ich komme aus Korbach in Hessen und brauche Englisch für meine Arbeit. Ich arbeite für eine deutsche Firma, die englische Produkte verkauft. Ich spreche seit zehn Jahren Englisch. Ich habe Englisch in der Schule gelernt und meiner Meinung nach, ist es einfacher, Englisch als Fremdsprache zu lernen als Deutsch, weil die Grammatik nicht so komplex ist. Ich bin auf der ISPO in München auf dem Stand von Mitre. Das ist eine Firma für Sportartikel. Wenn ich mit der Firma in England telefoniere, spreche ich Englisch. Ich schreibe und übersetze Briefe und ich übersetze auch Broschüren.

Wenn man auf einer Messe arbeitet, ist es oft sehr hektisch und manchmal sehr langweilig. Alle Leute kommen zur gleichen Zeit. Wenn das Wetter heiß ist, ist es stickig. Man muß auf dem Stand bleiben. Man hat meistens keine Zeit, um andere Stände zu besichtigen und abends ist man oft zu müde, um die Stadt zu besichtigen. Trotzdem gehen wir meistens abends essen und ab und zu in ein Nachtlokal.»

What facilities are there at the present *Messegelände*?
Where is the *Messegelände* going to be moved to?
Christine is a German girl who needs to speak English for her work.
What precisely does she need it for?
How does she find working at a trade fair?

City Hilton

Wo wird man untergebracht,
wenn man als Geschäftsmann
oder Geschäftsfrau
in der Stadt ist?

When is Penny visiting München?
What list does she ask for?
What other information does
she ask for?

Manchester, den 10. November

Sehr geehrte Herren,
ich besuche die Modenschau in München im Zeitraum vom 24.
bis 28. März. Könnten Sie mir eine Liste preisgünstiger Hotels
zuschicken, mit der Mitteilung, ob sie in der Nähe des
Messegeländes sind.
Ich wäre Ihnen dankbar, wenn Sie mir Informationen über die
öffentlichen Verkehrsmittel der Stadt München beilegen
könnten.
Hochachtungsvoll,

Penny Cross

Penny Cross

Am Telefon

Hotel Graef. Wie kann ich Ihnen helfen?

Haben sie noch Zimmer vom 18. bis zum 26. Februar frei?

Für die ISPO?

Ja.

Was für Zimmer?

Zwei Einzelzimmer und ein Doppelzimmer.

Mit Bad oder mit Dusche?

Bad.

Ja. Das Doppelzimmer hat Bad aber die Einzelzimmer sind nur mit Duschen.

Das geht. Wieviel kosten sie?

Das Doppelzimmer 180 DM und die Einzelzimmer 95 DM.

Inklusive Frühstück?

Ja.

Ich nehme sie. Mein Name ist ...

Wie bezahlen sie?

Mit Kreditkarte.

Darf ich bitte die Kartennummer haben?

- You want to go to the *Modeschau* next
  year. It is from the 20–25th April. You need
  a twin bedroom for yourself and a
  colleague and a single room with bath for
  your boss. Practice a suitable telephone
  conversation and write a letter confirming
  the booking.

Ich bestätige ... *I should like to confirm* ...

Das Verkehrsnetz

Ich bin zur Messe hier. Wie komme ich am besten dorthin?

Wie komme ich am besten . . . mit dem Bus?
                                                mit der Straßenbahn?
                                                mit der U-Bahn?
                                                mit der S-Bahn?

Welche Linie?   Wo kaufe ich eine Fahrkarte?
Wie oft fährt . . .   Wo ist die nächste Haltestelle?
Muß ich umsteigen?   Wo ist die nächste Station?
Fährt dieser Bus zum Stadtzentrum?   Wo steige ich aus?

Zur Messe?

What is the best way to the Trade Fair?

> Sie können entweder mit der U-Bahn oder mit dem Bus hinfahren.

Which is faster?

> Am schnellsten sind Sie mit der U-Bahn.

How often do the trains go?

> Ich weiß nicht genau, aber ich denke alle zehn Minuten.

Do I have to change?

> Nein. Von hier fährt man direkt.

Where can I buy a ticket?

> Es gibt Automaten an jeder Station.

What sort of ticket do I have to buy?

> Man kauft eine Mehrfahrtenkarte. Von hier zum Messegelände muß man zwei Abschnitte entwerten.

I don't understand.

> Sie entwerten den ersten Abschnitt so, dann falten Sie die Karte und entwerten den zweiten Abschnitt. Das Messegelände ist in Zone 2.

Thanks.

> Nichts zu danken. Auf Wiederschauen!

Ruf doch mal an!

Nützliche Redewendungen

Wie heißt die Vorwahlnummer für . . . ?
Ich möchte . . . sprechen.
Am Apparat.
Entschuldigung. Ich habe falsch gewählt.
Die Verbindung ist schlecht.
Ich rufe noch mal an.
Sprechen Sie bitte langsamer.
Können Sie das bitte buchstabieren?
Wie bitte?
Auf Wiederhören.
Ich möchte ein R-Gespräch führen.
. . . ist nicht hier. Können Sie später anrufen?
Kein Anschluß unter dieser Nummer.

 Eine Nachricht

Teile deinem Brieffreund mit, was dir am Telefon gesagt wurde.

Telefonische Nachricht

Du bist allein im Hause deines Freundes.
Er kommt erst gegen sechs Uhr zurück. Dann habt ihr vor, um sieben Uhr ins Kino zu gehen.
Das Telefon klingelt. Du nimmst den Hörer ab und antwortest:

Hallo! Hier Florian. Ist Hans zu Hause?

Was macht ihr heute Abend?

Kann ich mitkommen?

Wann treffen wir uns?

Vor dem Kino?

Toll. Und was macht ihr danach?

Gehen wir vielleicht in die Eisdiele?

Du mußt jetzt zur Post. Schreib Hans einen Zettel und teil ihm mit,
was Florian gesagt hat.

Auf der Post

Du bist schon seit zwei Tagen in München und du hast eine Postkarte
an Christine und einen Brief an deine Eltern geschrieben.
Jetzt mußt du sie auf die Post bringen und Briefmarken kaufen.

Ich möchte	eine Briefmarke	für einen Brief nach . . . für eine Postkarte nach . . . zu 80 Pf.
	ein Paket nach . . . schicken. einen Brief einwerfen. Wo ist hier ein Briefkasten? ein Paket aufgeben.	

Wie fragst du nach Briefmarken für die folgenden Länder?

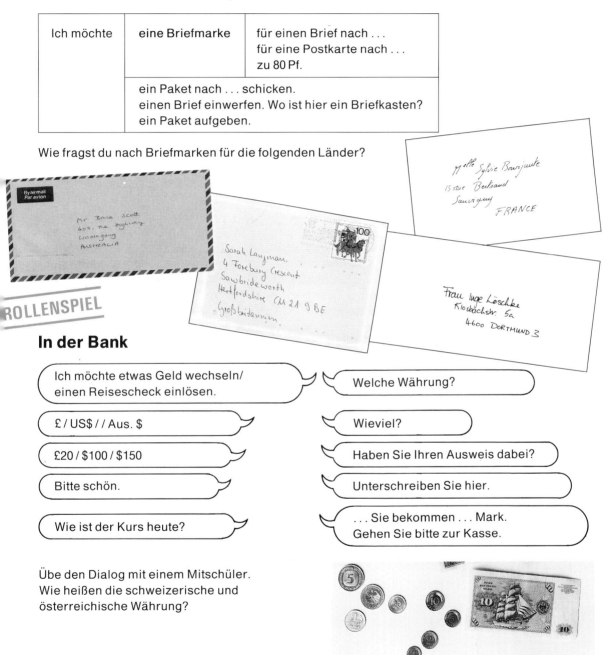

ROLLENSPIEL

In der Bank

Ich möchte etwas Geld wechseln/
einen Reisescheck einlösen.

Welche Währung?

£ / US$ / / Aus. $

Wieviel?

£20 / $100 / $150

Haben Sie Ihren Ausweis dabei?

Bitte schön.

Unterschreiben Sie hier.

Wie ist der Kurs heute?

. . . Sie bekommen . . . Mark.
Gehen Sie bitte zur Kasse.

Übe den Dialog mit einem Mitschüler.
Wie heißen die schweizerische und
österreichische Währung?

Münzen und Scheine.

1 Die Bank

a Wann ist die Bank geöffnet?
b Wann ist montags Feierabend?
c Und donnerstags?
d Ist die Bank samstags geöffnet?
e Wo könnte man samstags Geld wechseln?

Banköffnungszeiten
Kassenstunden

Montag - Mittwoch u. Freitag
8.30 - 13.00 Uhr   14.15 - 16.00 Uhr

Donnerstag
8.30 - 13.00 Uhr   14.30 - 18.00 Uhr

---

2 Jugendherbergen

DJH Jugendherberge (535 Betten)
Wendl-Dietrich-Str. 20, 8000 München 19, Tel. 13 11 56
(Haltestelle Rotkreuzplatz, der U 1, der Straßenbahnlinie 12
und der Buslinien 177, 33 und 83)

Übernachtung mit Frühstück	ab DM 13,50
plus Leihgebühr für eine Bettwäsche	DM 3,50

Warme Mahlzeit DM 6, – . Öffnungszeit 12.00–1.00 Uhr.

DJH Jugendherberge Burg Schwaneck (130 Betten)
Burgweg 4–6, 8023 Pullach, Tel. 7 93 06 43
Die Jugendherberge ist etwa 12 km vom Stadtzentrum entfernt
und kann auch mit der S-Bahn erreicht werden
(S 7 bis Pullach, Fahrzeit vom Marienplatz 22 Min.).
Sportplätze, Kegelbahn.
Preise pro Person inklusive Frühstück und Bettwäsche

im 6–8-Bettzimmer	DM 10,30
im 4-Bettzimmer	DM 11,50
Kalte Mahlzeit	DM 5,40
Warme Mahlzeit	DM 6,70

a How much does it cost for bed and breakfast at the two youth hostels?
b What else is included in the price at the youth hostel in the centre of Munich?
c What do you get for 6 DM at youth hostel in the centre?
d How much does the same thing cost at youth hostel in Burg Schwaneck?
e Compare the two youth hostels and choose one for your class or group to stay in giving reasons for your choice.

3 Wo man sich sonst noch trifft

Jugendtreff (organisiert)

Jugendtreffs und Freizeitstätten, Informationen und Tips beim Kreisjugendring und im Jugendinformationszentrum. Der Internationale Jugendclub und der Club IN VIA wenden sich speziell an junge ausländische Gäste in München.

Club Treffpunkt, Internationaler Jugendclub, Friedrich-Loy-Str. 16, Tel. 3 00 85 84
Mo., Di., Do. u. Fr. 9.00–12.00 Uhr, Mi. 16.30–19.00 Uhr.

Internationaler Club – IN VIA, Klarastr. 10, Tel. 1 29 42 46
Sprechzeiten Di. 15.00–19.00 Uhr, Mi. 13.00–16.00 Uhr and Do. 9.00–12.00 Uhr.
Für junge Leute von 18–28 Jahren. Fragen Sie bitte nach den Programmen.

Piccolo-Club, Dachauer Str. 23 (Nähe Hbf), Tel. 59 49 84
Mo.–Fr. 14.30–22.00 Uhr u. jeden 1. u. 3. Sonntag im Monat von 15–19 Uhr.

Freizeitheim Alter Botanischer Garten, Luisenstr. 11, Eingang Karlstr. (Nähe Hbf), Tel. 55 51 49
Di. mit Sa. 13.30–17.30 Uhr, 18.00–21.00 Uhr.

a When is the *Internationaler Jugendclub* open?

b When is the *Internationaler Club* open?

c When is the *Piccolo-Club* open?

d When is the *Freizeitheim* open?

4 Hotel Beta

a Where is the hotel situated?

b What facilities are there in the rooms?

c Where can you park your car?

> *Willkommen in München!*
> *Unser Hotel liegt im Zentrum von München in unmittelbarer Nähe der Einkaufszentren und der Fußgängerzonen und bietet Ihnen ruhige und modern eingerichtete Einzel- und Mehrbettzimmer mit Bad, WC, Dusche und Telefon.*
>
> *Durch die verkehrsgünstige Lage sind alle Verkehrsmittel vom Hotel aus sofort und bequem erreichbar. Für motorisierte Gäste stehen bewachte Parkplätze und Garagen auf dem Hotelgrundstück zur Verfügung.*
>
> *Wir würden uns freuen, Sie als Gast im Hotel Beta begrüßen zu dürfen.*

5 Preisliste

a How much do the following cost:
   a single room with bath
   a single room with shower
   a double room with bath
   a double room with shower
   an extra bed and breakfast

b What two other facilities are offered?

c How much does it cost for a child under five?

d What is included in the price?

e What does it say about telephone bookings?

PREISLISTE

	DM
Einbettzimmer	60.00
Einbettzimmer mit Dusche	73.00
Einbettzimmer mit Bad/Dusche, WC	89.00
Zweibettzimmer	100.00
Zweibettzimmer mit Dusche	110.00
Zweibettzimmer mit Bad/Dusche, WC	135.00
Extrabett für Zusatzperson	35.00
Extrafrühstück	15.00
Kinder unter fünf Jahren ohne Extraberechnung	
Parkplatz pro Tag	5.00
Hund pro Tag	5.00

Telefonische Reservierungen nur bis 20.00 Uhr berücksichtigt.
Die Preise sind inclusive Frühstück, Bedienung und MwSt.

1 Die Messe

You are to accompany the sales manager to the Sports Trade Fair in Munich next spring. You will be there 14–20th February and you are going to need two single rooms. You want a hotel near the *Messegelände* or on a direct route to it. Write to the tourist information office for assistance.

2 Schulreise

Write a letter to the tourist office in Munich asking for a list of hotels or other accommodation suitable for a group of ten teenagers and a teacher. Ask for general information about the city and for a town plan. Find out if they have any special information for young people.

3 Antons Besuch

Anton is coming to visit you. You are going to take him to see the sights in a big city near you. Write and tell him about where you are going to go.

4 Übernachtung im Hotel

Hotel-Gasthaus Fischerwirt

Das Haus mit der angenehmen Atmosphäre. Ruhige Lage, abseits vom Straßenlärm, Zimmer mit Dusche, Bad, WC, Telefon. Gemütliche Aufenthalts- und Fernsehräume, gepflegter Garten mit Liegewiese, Parkplätze und Garagen, Fahrradverleih, Frühstücksbuffet, Bayrische und internationale Küche, Lift.

8045 Ismaning, Schloßstr. 17 (S-Bahn Linie 3), Tel.: 0 89/96 48 53, Telefax 0 89/96 35 83, Fischerwirt BAB München-Nürnberg, Ausfahrt Garching-Süd

Hotel
Demas

Die Lage des Hotels am südlichen Stadtrand von München verbindet einen angenehm-ruhigen Aufenthalt mit hervorragenden Verkehrsverbindungen in die City (S-Bahn drei Gehminuten). Gleichzeitig ist es idealer Ausgangspunkt für Ausflüge in die Oberbayerische Seen- und Erholungslandschaft.

CITY
HILTON

MÜNCHEN
Am Gasteig

Das «City-Hilton-Wochenende»

beinhaltet die Unterbringung in unseren geschmackvoll ausgestatteten Zimmern mit Bad/WC, Klimaanlage, Farbfernseher (Kabelanschluß), Radio und Minibar, sowie das reichhaltige Frühstücksbuffet.

Ab 1. April neue Preise:
Einzelzimmer   150,–
Doppelzimmer   87,50 P.P.

- Choose one of the hotels and write to book suitable accommodation.

- You have been staying in one of the hotels. Write and tell Sonja about it.

1 Der Stadtplan

Wie heißen die Gebäude?

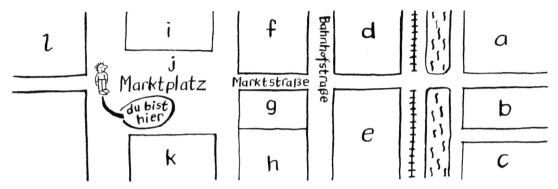

der Bahnhof	Hotel zum goldenen Löwen	das deutsche Museum
der Biergarten	Hotel zum Stern	die neue Pinakothek
der Fernsehturm	die Jugendherberge	das Rathaus
das Krankenhaus	der Marktplatz	das Stadion

2 Wo wohnen sie lieber?

Leben sie gern in München?

NAME	WOHNT LIEBER	WARUM?
Tina		
Florian		
Vanessa		
Verena		

3 Münchener Sehenswürdigkeiten

Was haben sie von München schon gesehen?

	BIERGARTEN	NYMPHENBURG	VIKTUALIENMARKT	OLYMPIASTADION	MARIENPLATZ	SONST
1						
2						
3						
4						
5						
6						

4 Was machen Sie hier?

Sind sie geschäftlich hier oder als Tourist?

5 Wann finden die Messen statt?

 BAU*
9. Internationale Fachmesse
für Baustoffe, Bausysteme,
Bauerneuerung

 ISPO - Herbst*°
35. Internationale Fachmesse
für Sportartikel und Sport-
mode

 MODE-WOCHE
MÜNCHEN*

 SYSTEMS*
Computer und
Kommunikation
12. Internationale Fachmesse
und Internationaler
Kongreß

6 Wann und wo treffen wir uns?

Bernd

Rainer

Marion

Silke

7 Wann fahren die Busse zum Hauptbahnhof?

Linie 3
Linie 7
Linie 12
Linie 15
Linie 23

LERNZIELKONTROLLE

1 **Now you should be able to:**

use the *du* and *Sie* forms as appropriate;
ask for a town plan and other information at the tourist office;
describe your own town and recommend places to visit;
arrange accommodation in a hotel;
ask where a place is and give someone directions;
enquire about using public transport and buying tickets;
buy appropriate postage stamps;
change money and cash traveller's cheques;
use the telephone.

2 Wie komme ich zur Post?

Kannst du den Dialog vervollständigen?

Die Post ist gegenüber dem Bahnhof.

Zehn Minuten zu Fuß.

Mit der Straßenbahn.

Linie 14.

Alle zwölf Minuten.

80 Pf.

Dort drüben, vor der Apotheke.

3 Ich habe ein Zimmer reserviert

Kannst du den Dialog vervollständigen?

Wie heißen Sie?

Wie schreibt man das?

Was für ein Zimmer?

Wie lange bleiben Sie?

Woher kommen Sie?

Ihren Ausweis, bitte. Füllen Sie das Formular aus.

Sprachprobleme und Fragen

Entschuldigen Sie bitte.	Verzeihung.
Ich verstehe nicht.	Ich weiß es nicht.
Es tut mir leid.	Sprechen Sie Englisch?
Wie bitte?	Sprechen Sie bitte langsamer.

Kapitel 14

Wir treiben Sport

Der Olympiapark

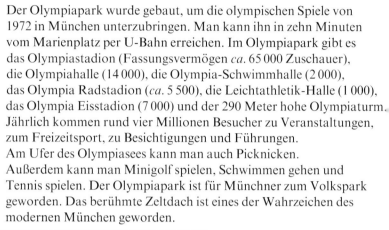

Der Olympiapark wurde gebaut, um die olympischen Spiele von 1972 in München unterzubringen. Man kann ihn in zehn Minuten vom Marienplatz per U-Bahn erreichen. Im Olympiapark gibt es das Olympiastadion (Fassungsvermögen *ca.* 65 000 Zuschauer), die Olympiahalle (14 000), die Olympia-Schwimmhalle (2 000), das Olympia Radstadion (*ca.* 5 500), die Leichtathletik-Halle (1 000), das Olympia Eisstadion (7 000) und der 290 Meter hohe Olympiaturm. Jährlich kommen rund vier Millionen Besucher zu Veranstaltungen, zum Freizeitsport, zu Besichtigungen und Führungen.
Am Ufer des Olympiasees kann man auch Picknicken.
Außerdem kann man Minigolf spielen, Schwimmen gehen und Tennis spielen. Der Olympiapark ist für Münchner zum Volkspark geworden. Das berühmte Zeltdach ist eines der Wahrzeichen des modernen München geworden.

Die olympischen Spiele von 1972 fanden in München statt. In diesem Stadion wurden die Leichtathletikwettkämpfe ausgetragen. Im Moment ist das Stadion noch leer, doch in wenigen Stunden wird es proppenvoll sein. Tausende von Fans kommen dann zu dem letzten Saisonspiel der Bundesliga – FC Bayern München gegen Borussia Dortmund. Heute abend geht es um die deutsche Meisterschaft.

Warum wurde der Olympiapark gebaut?	*Why was the Olympiapark constructed?*
Wie wurde er zuerst benutzt?	*What was it first used for?*
Wie wird er heute benutzt?	*What has it become?*
Welche Sportveranstaltungen finden dort statt?	*What spectator sports are mentioned?*
Welche Freizeitmöglichkeiten bietet der Olympiapark den Familien?	*What sports and free time activities can you do there?*
Was wird in wenigen Stunden im Olympiapark stattfinden?	*What is about to take place there?*

Die Sportarten

Ordne die folgenden Sportarten der richtigen Gruppe zu.
z.B. Fußball → Ballspiele
Wie heißen die Sportarten auf englisch?

Ballspiele	Wassersport	Wintersport	Turnen	Leichtathletik	Kampfsport	Andere

Aerobic	Bergsteigen	Weitsprung	Schleuderball
Fünfkampf	Taekwondo	Segeln	Radpolo
Fußball	Weitsprung	Skibob	Rodeln
Abfahrtsski	Surfen	Rollschuhlaufen	Skateboarden
Rugby	Eislaufen	Kunsteislaufen	Kegeln
Langlaufski	Handball	Squash	Bogenschießen
Gymnastik	Turnen	Fechten	Gewichtheben
Aikido	Segelfliegen	Klettern	Tischtennis
Laufen	Judo	Joggen	Snowboarden
Springen	Drachenfliegen	Bodybuilding	Karate
Basketball	Kayakfahren	Ringen	Golf
Mehrkämpfe	Paragleiten	Hochsprung	Reiten

● Kannst du dir weitere Sportarten überlegen? Welche sind Mannschaftssportarten?

● Was spielst du? Was hast du schon gespielt? Welche Sportarten hast du noch nie ausprobiert und warum nicht? Was würdest du gerne noch ausprobieren?

Was meinst du?

Welche Sportarten werden hier beschrieben?

Dieses Spiel spielt man entweder zu zweit oder zu viert. Männer tragen weiße Sporthosen, weiße Polohemden und weiße Sportschuhe. Frauen tragen weiße Miniröcke, weiße Sportblusen und weiße Sportschuhe. Man braucht dazu Schläger und einen Federball. Es ist eine Hallensportart.

Man braucht ein Surfbrett, Segel und Wasser.

Der Ball besteht aus einem Gummihohlkörper und wird mit einem Schläger gegen die Rückwand gespielt, danach kann er überall innerhalb der Begrenzungen gespielt werden. Gespielt wird bis einer der beiden Spieler 15 Punkte hat.

Sport in der Freizeit

Welche Freizeitaktivitäten sind hier dargestellt?

Was für eine Sportart treibst du?

Vielen Jugendlichen macht es
genauso viel Spaß, Sport zu treiben,
wie anderen beim Sport zuzuschauen.

Wie hießen Sonjas Fragen?

> Ja, ich treibe sehr gern Sport.

> Ich mache Taekwando.

> Ein- bis zweimal die Woche.

> Da kann man lernen, sich zu verteidigen
> und außerdem sind die Leute da super!

> Hauptsächlich Baseball und Segeln.

> Die Bewegung und der Mannschaftsgeist.

> So oft wie möglich.

> Jedes Wochenende.

Suchspiel

Sucht jemanden in eurer Klasse,

... der gern Tennis spielt.
... der Fußball nicht leiden kann.
... der nicht gern schwimmt.
... der gut Skifahren kann.
... der noch nicht Skigefahren ist.

... der gern segelt.
... der nicht gern turnt.
... der einen Kampfsport macht.
... der Fallschirmspringen möchte.
... der zweimal in der Woche trainiert.

Wie heißen die Fragen? Duzen oder siezen?

● Macht eine Umfrage.
  Welche Sportarten sind die populärsten und unpopulärsten in eurer Klasse?

Ein Interview

Ordne die Fragen den Antworten zu.

Welche Sportart übst du aus?
Wie oft trainierst du?
Ist es ein teurer Sport?
Möchtest du später Profi werden?
Was für eine Ausrüstung brauchst du dazu?

Nein, nicht besonders.
Ja, sehr gerne.
Schlittschuhe und Kostüme.
Zwei Stunden jeden Tag.
Eiskunstlaufen.

● Beantworte die Fragen.

Revanche für FC Bayern

Sonnenschein und ein tolles Spiel – 49 000 Fans jubelten im Olympiastadion. Bayern München gewann gegen den VfB Stuttgart 3:1, und nahm damit Revanche fürs 0:1 in der ersten Pokalrunde.

In der ersten Halbzeit dominierten die Gastgeber. Schon nach zehn Minuten wurden sie belohnt. Fischer dribbelte Müller aus, flankte genau und Schmidt mußte nur noch einnicken – 1:0. Scholz traf nach tollem Solo die Latte in der 39. Minute. Doch mit dem Pausenpfiff schaffte Leidig nach einem Fehler des unglücklichen Müller das 2:0.

Jetzt war es Zeit für die Stuttgarter. Thomas Möller hob den Ball geschickt über Schmidt, traf aber nur die Latte in der 56. Minute. Zwei Minuten später klappte es besser. Hupe drückte Möllers Freistoß zum 2:1 ins Tor.

Den Schlußpunkt setzte Meyer. Nach einem blitzschnell gespielten Freistoß vollstreckte er aus 12 Metern, 3:1.

Wer hat das Hinspiel gewonnen und wer hat das Rückspiel gewonnen?	This was the return match, who won the first round?
Wie heißen die Torschützen?	Who won this game?
Wie war das Wetter?	Who scored the goals?
Welche Mannschaften spielten?	What was the weather like?
Wo fand das Spiel statt?	
Wie war der Halbzeitstand?	

- Wie heißen die folgenden Begriffe auf deutsch?

half-time	goal	free kick
whistle	bar (goal post)	mistake

Zeitformen

Vervollständige die Tabelle.

Regelmäßige Verben

INFIN.	PRÄSENS	IMP.	PARTIZIP II
holen	holt	holte	geholt
lernen			
machen			
spielen			
stellen			

Unregelmäßige Verben

INFIN.	PRÄSENS	IMP.	PARTIZIP II
fahren	fährt	fuhr	gefahren
gehen			
schlafen			
schreiben			
trinken			

Imperfekt

Bei einer Reportage benutzt man meistens das Imperfekt.

Lies den Text noch einmal durch, schreib die Verben heraus und setzte sie ins Präsens, Imperfekt und Perfekt.

Fußballfans

Borussia Dortmund spielt gegen Bayern München.

Sonja hat die Fußballfans interviewt.
Macht es wie Sonja.
Stellt euch gegenseitig Fragen!

Für welchen Verein bist du?
Gehst du jede Woche zum Fußball?
Auch wenn es regnet?
Welches ist deiner Meinung nach der beste Verein in Europa?
Hast du einen Steh- oder Sitzplatz?

Wie hießen die Fragen?

AC Mailand.

Nein. Ich wohne zu weit weg.

Normalerweise ja.

Auch nicht, wenn es kalt ist.

Das Wetter macht mir nichts aus.

Liverpool.

Stehplatz.

Borussia-Dortmund.

Bayern München.

Sitzplatz.

- Befrage einen Mitschüler. Welche Mannschaft unterstützt er/sie?

Die Sportausrüstung

Fußballausrüstung

18 u. 32 tlg. Fußball aus exklusivem „Mitrotec" Glanzmaterial. Fluoreszierender Solar-Ball für Schneeplätze oder Flutlichtbeleuchtung; mit 2-jähriger Formgarantie. Größe 5.

Genarbtes Softboxleder. Nylon-Fütterung. Anatomisch vorgeformtes Fußbett. Kombinationssohle mit 3 Härtegraden. Mit Zusätzlichem Gratis-Stollenset.
4, 5, 5½, 6–11 einschl. ½ + 12.

Schreib den Werbetext für die Trainingsschuhe.

● Du mußt die Ausrüstung für eine Mannschaft kaufen. Was brauchst du?

Was braucht man?

Welche Ausrüstung gehört zu welcher Sportart?

die Angelrute	das Polohemd	der Tennisball
die Badekappe	der Schwimmanzug	der Tennisschläger
der Bikini	der Skianzug	die Trainingsschuhe
das Fußballtrikot	die Sonnenbrille	die Turnschuhe
der Jogginganzug	die Stiefel	der Neoprenanzug

Was braucht man zum:

Schwimmen	Skifahren	Tennisspielen
Tauchen	Fußballspielen	Reiten

	MASK.	FEM.	NEUT.
Man braucht . . .	einen	eine	ein ein Paar

Diese Sportart ist . . .

Wähle eine Sportart aus und beschreib sie.
Ist es eine Mannschaftssportart?
Wie viele Spieler gibt es?

Wo wird es gespielt?
Bei welchem Wetter treibt man diesen Sport?
Welche Ausrüstung braucht man?

Fertig?

Was haben sie schon und was haben sie noch nicht?

Der Junge ⎱ Er Der Mann ⎰	hat	einen seinen	eine seine	ein sein	seine
Das Mädchen ⎱ Sie Die Frau ⎰		ihren	ihre	ihr	ihre
Die Mädchen ⎱ Sie Die Jungen ⎰	haben	ihren	ihre	ihr	ihre

N.B. Don't forget *kein*!

- Was brauchen sie noch?

Relativsätze

Der Mann, der einen Tennisschläger hat, braucht noch einen Ball.
Die Frau, die schwimmen geht, hat keine Schwimmbrille.
Das Mädchen, das reiten geht, braucht noch eine Reitkappe.
Der Junge, der Fußball spielt, hat keine Schuhe.

Kannst du weitere Beispielsätze bilden?

 ## Wie heißen sie?

Bilde einen Relativsatz!
z.B. Der Mann, der schwimmen geht, heißt . . .

INFIN.	PRÄSENS	IMP.	PARTIZIP II	
an/fangen	fängt an	fing an	angefangen	*to begin*
sich an/ziehen	zieht an	zog an	angezogen	*to put on*
sich aus/ruhen	ruht aus	ruhte	ausgeruht	*to rest*
faulenzen	faulenzt	faulenzte	gefaulenzt	*to do nothing*
gehen	geht	ging	gegangen*	*to go (on foot)*
laufen	läuft	lief	gelaufen*	*to run, to go*
rennen	rennt	rannte	gerannt*	*to run*
schwimmen	schwimmt	schwamm	geschwommen*	*to swim*
spielen	spielt	spielte	gespielt	*to play*
surfen	surft	surfte	gesurft*	*to surf*
wandern	wandert	wanderte	gewandert*	*to hike*

Wie heißen die folgenden Verben auf englisch?

arbeiten	springen	fliegen	reiten	sich um/ziehen
trainieren	rad/fahren	klettern	Ski/fahren	schlagen
joggen	tauchen	angeln	sich aus/ziehen	verlieren

Setzte sie ins Präsens, Imperfekt und Perfekt. Kannst du dir noch weitere Beispiele überlegen?

Verben mit Zusatz

fern/sehen   Ich sehe fern.
          Ich sah fern.
          Ich habe ferngesehen.

Reflexive Verben

Ich ziehe mich an.   Wir ziehen uns an.
Du ziehst dich an.   Ihr zieht euch an.
Er zieht sich an.   Sie ziehen sich an.

Sonjas Sporterfahrungen

Was hat Sonja alles gemacht?
Was hat sie schwierig gefunden?
Was hat ihr am meisten Spaß gemacht?
Kennst du diese Sportarten? Findest du sie schwierig?

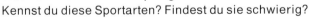

Sporttatsachen

Wußtest du, daß ...?

... der höchste Transfer in der Geschichte der Fußball-Bundesliga die Frankfurter Eintracht 3, 5 Mio. DM kostete. Es war der Transfer des ungarischen Mittelfeldnationalspielers und Torjägers, Lajos Detari.

... die schnellste Frau auf dem Wasser Mary Rife (USA) ist. Sie hat ihr Boot, *Proud Mary*, über 305 km/St. gefahren.

... die höchste nachgewiesene Geschwindigkeit eines Golfballs 273 km/St. betrug.

... der schwerste Sportler aller Zeiten ein amerikanischer Profiringer namens William J. Cobb (USA) mit einem Gewicht von 363 kg war.

Was spielt Lajos Detari? Woher kommt er? Wer hat ihn gekauft?
Warum wurde Mary Rife ins *Guinness Buch der Rekorde* eingetragen?
Warum kann Golf als eine gefährliche Sportart bezeichnet werden?
Was für eine Sportart trieb William J. Cobb?

Quiz

Welche Sportarten werden hier erwähnt?

a Der erste Abfahrtslauf fand 1870 in Telemarken (Norwegen) statt.
b Der am längsten dokumentierte Kampf mit Handschuhen dauerte 110 Runden oder (mit Pausen) 7,29 Stunden.
c Das größte Ereignis des Jahres ist der Super Bowl.
d Der weiteste Leinenauswurfrekord im Süßwasser beträgt 175,01 m.
e Die Hauptstile sind *Shotakan*, *Wadoryun*, *Goju-ryu* und *Shotokai*. Die militärische Form *Taekwando* mit neun *dan* ist ein koreanisches Gegenstück.
f Der *Admiral's Cup* ist die Regatta mit den meisten Teilnehmernationen. Jedes Land darf drei Boote stellen und sie wird alle zwei Jahre im Ärmelkanal veranstaltet.
g Den Treffer aus der weitesten Entfernung erzielte der Amerikaner Bruce Morris, der den Ball aus 28,17 m in den Korb warf.
h Erfolgreichste Deutsche im Doppelsitzer waren Hans Stanggassiner und Franz Wembach, die Gold bei der Winterolympiade in Sarajevo gewannen.
i Der jüngste Weltmeister ist Garri Kasparow, der mit 22 Jahren den Titel gegen seinen Landsmann Anatole Karpow holte.
j Die meisten Goldmedaillen bei den Frauen über 100 m Freistil gewann Dawn Fraser.

[Die Antworten befinden sich auf Seite 82]

Steigerungsformen

POSITIV	KOMPARATIV	SUPERLATIV	
billig	billiger	der billigste	am billigsten
klein	kleiner	der kleinste	am kleinsten
langsam	langsamer	der langsamste	am langsamsten
reich	reicher	der reichste	am reichsten
schnell	schneller	der schnellste	am schnellsten
schön	schöner	der schönste	am schönsten
Vokalwechsel			
alt	älter	der älteste	am ältesten
arm	ärmer	der ärmste	am ärmsten
groß	größer	der größte	am größten
hoch	höher	der höchste	am höchsten
jung	jünger	der jüngste	am jüngsten
kalt	kälter	der kälteste	am kältesten
lang	länger	der längste	am längsten
Unregelmäßig			
gut	besser	der beste	am besten
gern	lieber	der liebste	am liebsten
viel	mehr	die meisten	am meisten

Was weißt du?

Wie heißt der höchste Berg Deutschlands? Wie heißt der längste Fluß Europas?
Wie heißt der höchste Berg Europas? Wie heißt der reichste Mann der Welt?
Wie heißt der längste Fluß Deutschlands? Wie heißt der jüngste Schachweltmeister?

Im *Guinness Buch der Rekorde*

Im *Guinness Buch der Rekorde* findet man u.a. folgende Eintragungen. Warum wohl?

der Mount Everest die Humber Hängebrücke
der Sears Tower in Chicago der St-Gotthard-Straßentunnel (Schweiz)
der Pazifische Ozean die Insel Grönland
das Tote Meer die Dampflok *The Mallard*
die transsibirische Eisenbahn Karl Benz
die Londoner U-Bahn (1863 eröffnet) der Amazonas
die Sonnenblumen von Van Gogh der Lamborghini Countach QV 5000 S
Neil Armstrong die 114-jährige Anna Williams

Könnt ihr euch andere Beispiele ausdenken? Stellt euch gegenseitig Fragen.

● Und in eurer Gruppe?
Wer ist der jüngste und wer ist der älteste?
Wer ist der größte und wer der kleinste?
Wer ist größer als du und wer ist kleiner als du?

Porträt einer Sportlerin

Ich heiße Julia Buckley und bin 15 Jahre alt.
Ich wohne in Garmisch - Partenkirchen.
Mein größtes Hobby ist Eiskunstlaufen. Im
Moment bin ich Bayerische Juniorenmeisterin.
Nach der Schule trainiere ich jeden Tag
zwei Stunden lang. Diese Sportart gefällt mir
besonders, weil das Sportliche mit dem Kreativen
verbunden ist. Wahrscheinlich möchte ich
später einmal Profi werden.

*Hier mache ich meine
Hausaufgaben. Mein
Lieblingsfach ist Englisch.*

Hier sind meine Pokale und Medaillen.

*Im Eisstadion in Garmis.
Hier tanze ich meine Kü.*

Wie alt ist Julia?	*How old is Julia?*
Wo wohnt sie?	*Where does she live?*
Was ist ihr Hobby?	*What is her hobby?*
Warum macht es ihr Spaß?	*Why does she like it?*
Was ist sie im Moment?	*What is she at the moment?*
Wie viele Pokale hat sie gewonnen?	*How many cups has she won?*
Wie oft trainiert sie?	*How often does she train?*
Wo trainiert sie?	*Where does she train?*
Was sind ihre Eltern von Beruf?	*What do her parents do?*

● Kannst du ein Porträt eines bekannten Sportlers zusammenstellen?

Quiz Antworten

a Abfahrtsski. **b** Boxen. **c** Amerikanisches Fußball. **d** Angeln. **e** Karate. **f** Segeln.
g Basketball. **h** Rennrodeln/Bobfahren. **i** Schach **j** Schwimmen.

Wie gut kennst du dich aus?

Wie heißen sie und was machen sie?
Woher kommen sie und wie sehen sie aus?

Wähle jemanden aus und beschreib ihn/sie, so daß die anderen
erraten können, wer er/sie ist.

Kommst du mit?

Wir gehen Schlittschuhlaufen. Kommst du mit?
Wann und wo treffen wir uns?

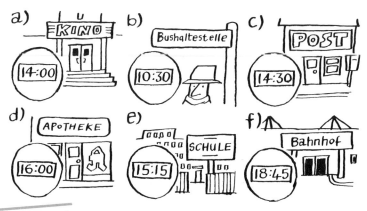

vor dem Kino
an der Bushaltestelle
vor der Schule
bei Julia
in der Hauptstraße
vor dem Hallenbad
gegenüber der Post
um halb vier
um zwei Uhr
um Viertel vor drei
um zehn Uhr
um zwanzig nach fünf
um halb sieben
in einer halben Stunde

ROLLENSPIEL

Am Telefon

Hallo du! Morgen gehen wir zum Fußball. Kommst du mit?

Ask who is playing.

Bayern München gegen Borussia Dortmund.

Ask when it begins.

Um drei.

Ask when you need to be there.

Wir müssen spätestens um halb drei dort sein.

Ask where you should meet.

Wir kommen vorbei und holen dich ab.

Ask at what time.

So gegen Viertel vor zwei. Geht das?

Say that's fine and ask how much it will cost.

Möchtest du lieber einen Sitzplatz oder einen Stehplatz.

Say which you would rather.

Ein Sitzplatz kostet 20 DM und ein Stehplatz 12,50 DM.

Say you look forward* to it.

Gut. Auf Wiederhören.

*Ich freue mich schon darauf.

 Wann und wo treffen sie sich?

Der Körper

Der Kopf

a das Auge(n)
b das Augenlid
c die Augenwimpern
d das Gesicht
e das Haar
f das Kinn
g die Lippen

h der Mund
i die Nase
j das Ohr(en)
k die Stirn
l die Wange
m der Zahn (¨e)
n die Zunge

Die Körperteile

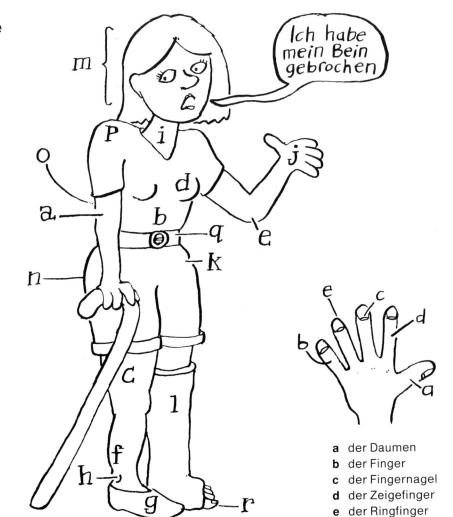

a der Arm(¨e)
b der Bauch
c das Bein(e)
d der Busen
e der Ellbogen
f die Ferse(n)
g der Fuß (¨sse)
h das Fußgelenk
i der Hals
j die Hand(¨e)
k die Hüfte
l das Knie
m der Kopf
n der Po
o der Rücken
p die Schulter
q die Taille
r die Zehe(n)

a der Daumen
b der Finger
c der Fingernagel
d der Zeigefinger
e der Ringfinger

Wie heißen diese Wörter auf englisch?

Lippen**stift**   Lid**schatten**   Finger**hut**   **Ring**finger   Fingernagel**lack**   Arm**band**
Hand**schuh**   Hals**band**   Ohr**ringe**

Sprachführer

Krankheiten

Was ist mit dir los?

Wie sagt man das auf deutsch?

Ich habe . . .
Kopfschmerzen
Magenschmerzen
einen Schnupfen
einen Sonnenbrand
Husten
Mandelentzündung
Blinddarmentzündung
Fieber
Zahnschmerzen
eine Erkältung
eine Allergie
Atembeschwerden
Heuschnupfen
Durchfall
Verstopfung
eine Grippe
eine Blase
gebrochen

I have . . .
a cough
a headache
toothache
a cold
a temperature
appendicitis
a chill
an allergy
tonsilitis
sunburn
respiratory problems
'flu
a blister
constipation
been sick
diarrhoea
hay fever
stomach ache

Ich leide unter Reisekrankheit. *I suffer from travel sickness.*
Mir ist übel. *I feel sick*
Mir ist heiß/kalt. *I am hot/cold.*
Muß ich mich röntgen lassen? *Do I need an X-ray?*
Wo tut es weh? *Where does it hurt?*

Was ist mit ihnen los?

Ordne die Texte den Bildern zu.

Mein Fuß tut weh.
Ich habe mir die Hand verbrannt.
Ich bin von einer Biene gestochen worden.
Ich bin hingefallen.
Ich bin auf dem Eis ausgerutscht.

Man braucht ...

Wann braucht man diese Medikamente?
z.B. Wenn man sich in den Fuß geschnitten hat, braucht man
eine Impfung gegen Tetanus.

Reisetabletten	Pflaster
Halsschmerztabletten	antiseptische Salbe
Kohletabletten	Tabletten gegen Durchfall
Sonnenbrandsalbe	Zäpfchen
schmerzstillende Tabletten	Heftpflaster

> Wie oft soll ich sie
> einnehmen?
> täglich zweimal
> nach dem Essen
> nach Bedarf
> einreiben

In der Apotheke

Du fühlst dich nicht wohl.

Guten Tag!

Say what is wrong with you.

Hier ist ein gutes Mittel gegen ...

Ask how much it is.

24 DM.

Ask how to use it.

Nach Bedarf. Die Anweisungen sind
auf der Packung.

Say thank you.

Bitte sehr. Ihr Rückgeld. Auf Wiedersehen!

Am Telefon

Du möchtest einen Termin beim Arzt.
Say hallo and ask for an appointment with the
doctor.
Say who you are and explain that you are a
visitor and with whom you are staying.
Say where you are from and that you have an
E111 form or other insurance.

Say what is wrong with you.

Say thank you, that will be all right. Ask where
exactly the surgery is.

Say thank you and goodbye.

Ja. Wie heißen Sie?

Welche Krankenkasse?

In Ordnung. Was ist mit Ihnen los?

Die Frau Doktor hat morgen um 11.45 Uhr
noch einen Termin frei. Geht das?

In der Hauptstraße, gegenüber der Bank.

Auf Wiederhören!

 Mir ist nicht wohl

Was ist mit ihnen los? Welche Medikamente werden beschrieben?
Wie oft sollen sie sie einnehmen?

LESEPROGRAMM

1 Tennis und Squash

Seit Boris Becker 1985 zum erstenmal Wimbledon gewann, wurde Tennis in Deutschland immer populärer. Jetzt hat der Deutsche Tennisbund mehr als zwei Millionen Mitglieder. Viele spielen alljährlich in Hallen.

Mitte des 19. Jahrhunderts wurde Squash als Sportart in England eingeführt. Squash ist mit fast zwei Millionen aktiven Spielern der zweitpopulärste Racketsport in Deutschland. Es gibt jetzt rund 840 Squashzentren. Heute ist Squash eine Sportart für jene Leute, die sich so richtig verausgaben wollen. Der Deutsche Squash Rackets Verband wurde erst 1973 in Hamburg gegründet.

a What sorts of sports is this article about?
b Which is the most popular sport mentioned here?
c What is the next most popular sport?
d How many people play it?
e Where and when did it originate?
f With whom is it most popular?
g What happened in 1973?

2 Ein Rucksack für jeden

Seit mehr als einem Jahrzehnt haben engagierte Bergsteiger, Trekker und Tourengeher den Jaguar zu ihrem bevorzugten Rucksack gewählt. Diese einzigartigen Rucksäcke wurden in der ganzen Welt getestet, in fast jeder Umgebung und Situation, vom Bush-whacking im Hinterland bis zu Expeditionen im Himalaya.

a Who uses these rucksacks?

Beim Jaguar WS dachten wir an jene, die Flüsse durchqueren, Schluchten hinabsteigen, Rafting betreiben, oder auch bei sintflutartigem Regen unterwegs sind. Der Innensack stellt mehr dar, als nur einen wasserdichten Rucksack. Er kann sowohl als Biwaksack als auch als wasserdichter Transport- oder Schwimmsack genommen werden. Er ist auch als Zubehör zur Verwendung bei anderen Karrimor-Rucksäcken erhältlich.

b Of whom were they thinking when they designed these rucksacks? What can the inner bag be used for?

Details des Jaguar S75:
* **Breiter Reißverschluß an der Deckeltasche**
* **Komplett ausgestattet mit CITEX-Befestigungsgurten**
* **Ring im Innenfach zur Befestigung von Schlüsseln**
* **Große Reißverschlußöffnungen an den Seitentaschen**
* **Große Reißverschlußschieber**
* **Verlängerte Befestigungsgurte auch über dem Boden, zum befestigen zusätzlicher Ausrüstung**
* **Hüftgurt mit speziellen Stabilisierungsgurten**

c What is there on the top pocket?
What fabric are the belts made of?
What is the inside ring for?
What is there on the side pockets?
What is the extra strap for?
Over what part of your anatomy does this belt go?

● Where do you think the word 'rucksack' comes from?

3 20 Sport- und Freizeitmöglichkeiten

1 *PFERDESCHLITTENFAHRTEN
auf verschneiten Wegen durch das
Wolfgangtal*

2 *SCHIFAHREN auf der lawinensicheren
Postalm – Pisten aller
Schwierigkeitsgrade vorhanden*

3 *RODELN – Nachtrodeln beim
Kleefelderhof und auf Naturrodelbahnen*

4 *LANGLAUF am Seeufer oder auf der
Postalm. 5, 10, 15, 20 km Loipen*

5 *TOURENLAUF zu den schönsten
Gipfeln des Salzkammergutes – eine
Anstrengung, die sich lohnt*

6 *EISLAUFEN am zugefrorenen See
(Jänner–März)*

7 *EISSTOCKSCHIESSEN mit Freunden
am See oder auf Kunstbahnen*

8 *WINTERWANDERN auf geräumten
Wanderwegen durch glitzernden Schnee*

9 *TENNIS – gepflegte Tennishalle mit
3 Hallenplätzen*

10 *ZIMMERGEWEHR 10
Zimmergewehrschießstände*

11 *REITEN – ob in der Reithalle oder auf
verschneiten Wald- und Wiesenwegen*

12 *SONNEN auf Berggipfeln – ein
besonderes Vergnügen*

13 *KAMINABENDE – eine willkommene
Abwechslung – gemütlich und romantisch*

14 *SCHWIMMEN in der Halle – sollten
Sie auch im Winter nicht entbehren*

15 *SAUNA zum Entschlacken und Entspannen*

16 *SOLARIUM – damit Sie nicht auf Ihre
Bräune verzichten müssen, auch wenn
sich die Sonne einmal hinter den Wolken
versteckt*

17 *KEGELN auf automatischen Bahnen –
ein zünftiges Vergnügen für jung und alt*

18 *TANZ am Abend in netter Gesellschaft*

19 *ESSEN – Gutes aus Küche und Keller;
Mitfeiern im Festland Oberösterreich*

20 *WINTERGOLF im Parkhotel Seethurn
– mal etwas ganz anderes*

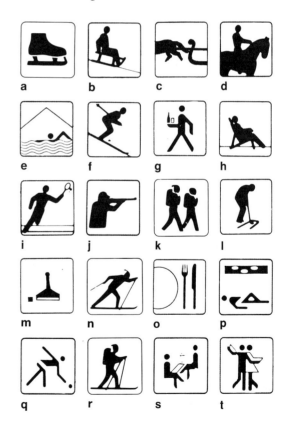

a b c d
e f g h
i j k l
m n o p
q r s t

a Match the symbols to the texts.
b List the 20 activities referred to.
c Choose five of the texts and translate
   them.

14 Wir treiben Sport

1 Kurze Nachrichten

- Write a note for Elke.
  You are taking her to the football match tomorrow. It starts at 14.30. You will pick her up at 13.45. It might be cold so she should wear something warm. You will go to a fast food place on the way home.

- Write a note for Thomas. He wants to play tennis tomorrow afternoon but you haven't any kit and you have hurt your ankle. Suggest you go to the open-air pool instead. You could meet him at 14.00 at the bus stop. Ask him to give you a ring to confirm the arrangements.

- Silke wants you to go riding with her tomorrow. You don't really want to go. Write her a note declining politely and saying why you can't go.

2 Austausch in Bayern

You have been on a trip to Bavaria. This is the programme of your visit.
Write to Sonja and tell her about it.

Sonntag Ankunft der Gäste auf dem Parkplatz vor der Schule gegen 15.00 Uhr. Abends bei den Gastfamilien.

Montag *Vormittags:* Alle Gäste und Gastgeber haben die Möglichkeit in der Tennishalle Tennis zu spielen.
Nachmittags: 14.00–17.30 Uhr Stadtrundfahrt mit Führung für die Gäste. Treffpunkt: Rathaus.

Dienstag *Vormittags:* Schule.
Nachmittags: Bei schönem Wetter Freibad. Bei schlechtem Wetter Hallenbad. Treffpunkt: vor dem Bad. Zeit: 14.30 Uhr.

Mittwoch Ganztagsausflug zum Europa Park für Gäste und Gastgeber. Treffpunkt: vor dem Rathaus. Rückkehr *ca.* 18.00 Uhr.

Donnerstag *Vormittags:* Die ersten zwei Stunden Schule. Danach Fußball auf dem Sportplatz oder Hockey und Tischtennis in der Turnhalle.
Nachmittags: Reiten auf dem Reiterhof *am Hang*, nach Wunsch. Teilnehmer sollten sich im voraus melden. Telefonnummer: 12 20 21.

Freitag Ganztagsausflug für Gäste und Gastgeber zum Wasserfreizeitzentrum Hintersee. Möglichkeiten zum Segeln, Windsurfen, Rudern, Kayakfahren und Schwimmen. Schwimmzeug und Picknick bitte mitnehmen! Treffpunkt: am Parkplatz um 8.00 Uhr. Rückkehr *ca.* 18.00 Uhr.

Samstag *Vormittag:* Zur freien Verfügung.
Nachmittags: Volleyballturnier auf dem Sportplatz – Gäste gegen Gastgeber.
Abends: Disco 20.00–23.00 Uhr in der Aula.

Sonntag Abfahrt der Gäste. Die genaue Abfahrtszeit wird noch bekanntgegeben.

1 Was für Sportarten treiben sie gern?

Thomas, Natalie, Reinhard und Tanja sprechen über Sport.

2 Freizeitmöglichkeiten

Was machen sie gern? Wie oft trainieren sie?

	SPORTART	WIE OFT?
Thomas Jan Jürgen Uschi Julia		

3 Wer spricht?

a

b

c

d

e

f

4 Füll ihre Tagebücher aus!

FEBRUAR *Silke*
15 Montag *Rosenmontag*
16 Dienstag *Faschingsdienstag*
17 Mittwoch *Aschermittwoch*
18 Donnerstag
19 Freitag
20 Samstag
21 Sonntag

JULI *Andreas*
18 Montag
19 Dienstag
20 Mittwoch
21 Donnerstag
22 Freitag
23 Samstag
24 Sonntag

5 Vervollständige den Text!

Der Olympiapark

Das sind insgesamt *(1)_* Millionen Quadratmeter Sport,
Freizeit, Erholung und Spiel. Die Sportarena ist *(2)_* Meter lang,
*(3)_* Meter breit und *(4)_* Meter hoch. Wenn sie ausverkauft ist,
genießen bis zu *(5)_* Menschen, was immer sich tut.

Die Olympiahalle wurde *(6)_* eröffnet.

Die kleine Halle, *(7)_* mal *(8)_* Meter, bietet Platz für *(9)_* Menschen.

Das Olympiastadion hat *(10)_* Sitz- und *(11)_* Stehplätze,
*(12)_* Plätze für Rollstuhlfahrer, *(13)_* Plätze für Presse,
Fernsehen und Funk und *(14)_* Kommentator-Kabinen.

Die Schwimmhalle hat *(15)_* Becken, die *(16)_* Meter-Wettkampfarena mit
*(17)_* Bahnen, ein *(18)_* Meter tiefes Sprungbecken, ein *(19)_* Meter
Trainingsbecken und das Lehrschwimmbecken.

Das Eissportstadion wurde schon *(20)_* eröffnet und erst *(21)_*
überdacht. Die Eisfläche mißt *(22)_* mal *(23)_* Meter und *(24)_*
Zuschauer passen in die Halle.

Das Radstadion hat Platz für *(25)_* Zuschauer.

6 Was ist mit ihnen los?

	SYMPTOME	BEHANDLUNG
Thomas		
Natalie		
Reinhard		
Tanja		

1 **You should be able to:**

talk about sports and sports personalities;
say what you like and don't like doing;
say what you have and have not done;
discuss what you need and make arrangements to participate or spectate;

2 **You should:**

know the names of different parts of the body and simple ailments,
    and be able to say what is wrong with you or someone else;
be able to make an appointment with a doctor or dentist,
    and understand what an E111 is and how to use it;
be able to follow the instructions for use of medication,
    and explain to someone else what you have to do.

ROLLENSPIEL

Lieber Fußball oder Rugby?

Thomas is staying with you. Ask him if he would like to go with you and your father to the football match or rugby match or other sporting event.
Find out which game he prefers.
Tell him when and where the game will be.
Ask him what his favourite sport is.
Ask him which teams, if any, he supports.
Ask him if he knows any famous English or German sports personalities.
Finalise your arrangements.

Sabine ist krank

Sabine is staying with you but she doesn't feel well.

Find out what is wrong with her.

> Ich fühle mich nicht wohl.

Ask if she feels sick.

> Nein.

Ask if she has a temperature.

> Ich weiß es nicht.

Has she got a sore throat?

> Nein. Ich huste viel.

Does it hurt?

> Nein, aber ich kann nicht schlafen. Hast du Hustentropfen?

Ask her what they are.

> Tropfen, die man mit Wasser nimmt.

Say you haven't any and offer her something
else instead and ask if she wants to go to bed.

> Ja, bitte.

Kapitel 15

Du bist was du ißt

Zum Viktualienmarkt

In dieser Folge geht es ums Essen. Mit welchen Nahrungsmitteln bleibt man schlank und gesund; was macht dick und ist ungesund . . .

Ananas
Apfel(Äpfel)
Apfelsine(n)
Aprikose(n)
Banane(n)
Birne(n)
Blaubeere(n)
Brombeere(n)
Erdbeere(n)
Granatapfel(ᵉ)
Himbeere(n)
Johannisbeere(n)
Kirsche(n)
Kiwi(s)
Limone(n)
Mango(s)
Orange(n)
Pampelmuse(n)

Pfirsich(e)	Weintraube(n)
Pflaume(n)	Zitrone(n)
Stachelbeere(n)	Zwetschge(n)

Kumquat ▼ (Zwergorange)

Sie ist zum Pur-Essen weniger geeignet, weil sie sehr sauer ist. Gut zum Aromatisieren von Wild und Geflügel (in die Soße geben). Oder man kocht Marmelade und Kompott davon.
Anbau: Japan, China, Brasilien, Mexiko
Preis: ca. 18 Mark/kg
Saison: ganzjährig

Guave ▲

Die Guave hat fünfmal mehr Vitamin C als Zitrusfrüchte. Sie schmeckt nach Birne und Feige. Zum Verzehr die Frucht dünn schälen. Das feste Fruchtfleisch enthält holzige Kerne. Es gibt auch samenlose Sorten. Die Guave paßt gut in Obstsalate und Quarkspeisen.
Anbau: Tropen und Subtropen
Preis: ca. 2,50 Mark/Stück
Saison: ganzjährig

Was für Gemüse ißt du gern und was ißt du nicht so gern?
Ißt du es lieber roh oder gekocht? Was ist gesünder?
Was hast du noch nicht gegessen?
Welche Obst- und Gemüsesorten ißt man im Sommer und im Winter?
Woher kommen die verschiedenen Obst- und Gemüsesorten?

Auberginen	Gurke	Möhren	Rote Beete	Spinat
Blumenkohl	Karotten	Paprika	Rotkohl	Tomaten
Bohnen	Kartoffeln	Petersilie	Salat	Zucchini
Broccoli	Knoblauch	Pilze	Sauerkraut	Zwiebeln
Brunnenkresse	Kohl	Porree	Schnittlauch	
Champignons	Kohlrabi	Radieschen	Sellerie	
Erbsen	Kopfsalat	Rosenkohl	Spargel	

Im Gemüsegeschaft

ein Kilo	=	1000 Gramm	=	ca. 2.15 lbs
ein halbes Kilo	=	1 Pfund		
		500 Gramm	=	ca. 1 lb
ein halbes Pfund	=	250 Gramm	=	ca. $\frac{1}{2}$ lb

$$\frac{kilos \times 11}{5} = lbs$$

Du kaufst folgendes:

Was sagst du?

Was brauchst du?

Schreib eine Einkaufsliste.

Rote Grütze (6 Portionen)

250 g Brombeeren, 250 g rote Johannisbeeren, 250 g Erdbeeren,
500 g Himbeeren
450 ml Wasser
125 g Zucker

45 g Speisestärke oder Quick-Jel
4 Eßl Wasser

Zwei Drittel der Früchte in Wasser und Zucker zum Kochen
bringen, gar kochen lassen und durch ein Sieb streichen.
Die Speisestärke mit 4 Eßl Wasser anrühren und die Fruchtmasse
damit binden. Die restlichen Früchte unterrühren und die Rote
Grütze in eine Glasschale füllen und kalt stellen.

Pro Portion E 3 g; F 1 g; Kh 45 g; kJ 879; kcal 210

Abkürzungen	
kg	Kilogramm
g	Gramm
l	Liter
ml	Milliliter
Eßl	Eßlöffel
T	Teelöffel
kJ	Kilojoule
kcal	Kilokalorie
E	Eiweiß
F	Fett
Kh	Kohlenhydrat

Wie macht man Rote Grütze?
Wie macht man *Apple sauce, fruit crumble* oder *gooseberry fool*?

ein/reiben	*to rub in*	schälen	*to peel*
das Mehl	*flour*	schneiden	*to cut*
die Stachelbeere(n)	*gooseberry*		

Sich gesund ernähren

Sonja kauft einen Bananenflip «Eine Mischung aus Orangen- und Bananensaft. Sehr gesund»
Sie guckt das Obst und das Gemüse an und kauft Erdbeeren. Dann fragt sie andere nach ihrer
Meinung über gesundes Essen. Sie fragte «Was sollte man essen? Was ist gesund?» und «Was
macht dick und ist ungesund?»

Hier sind einige Antworten.
Welche Lebensmittel wurden als gesund, und welche als ungesund bezeichnet?

Ordne die nachstehenden Lebensmittel in gesunde und ungesunde Lebensmittel!

(Soyaprodukte.)　(Vollkornprodukte.)　(Alles was schmeckt!)

(Salat mit vielen Vitaminen.)　(Obst.)　(Gemüse.)　(Viel Rohkost.)

(Schweinefleisch.)　(Süßigkeiten.)　(Torten.)　(Alkohol.)　(Butter.)

(Schokolade.)　(Fast Food.)　(Kuchen.)　(Hamburger.)　(Fisch.)

Kannst du dir weitere Beispiele überlegen?
Was macht dick? Was ist ungesund und was ist gesund?

Normal- und Idealgewicht

Normal- und Idealgewicht lassen sich leicht errechnen. Das Normalgewicht errechnet man mit Hilfe der Körpergröße. Man subtrahiert einfach 1 m oder 100 cm von seiner eigenen Körpergröße. Der Rest wird als Normalgewicht in kg bezeichnet. Eine 1,70 m große Person hat also ein Normalgewicht von 70 kg.

Um das Idealgewicht zu errechnen ziehen Männer 10% und Frauen 15% vom Normalgewicht ab.

Was ist dein Normal- und dein Idealgewicht?　　Mußt du abnehmen oder mußt du zunehmen?
Wieviel wiegst du? Hast du Übergewicht?　　Wie kann man abnehmen und wie zunehmen?

● Wie heißen die folgenden Lebensmittel auf englisch?

Vollkornkost	Torten	Hammelfleisch	Schinken
Rohkost	Schweinefleisch	Geflügel	Knäckebrot
Kuchen	Rindfleisch	Hähnchen	Roggenbrot

 Machst du eine Diät?

Die Nährstoffgruppen

> # Es gibt zwei Nährstoffgruppen:

1 Die Hauptnährstoffe –
Eiweiß, Fett und Kohlenhydrate.

1 g Eiweiß hat 4 Kalorien
1 g Fett hat 9 Kalorien
1 g Kohlenhydrate hat 4 Kalorien

2 Die Wirk- und Reglerstoffe –
Vitamine, Mineralstoffe, Spurenelemente und Wasser.

Der Körper eines erwachsenen Menschen enthält – 60–70% Wasser, 18% Eiweiß, 10% Fett, 4% Mineralstoffe und 1% Kohlenhydrate.

Eiweiß
Erwachsene brauchen täglich 1 g Eiweiß pro kg Körpergewicht.
Jugendliche und Menschen älter als 65 brauchen ein bißchen mehr: 1–1,2 g.

Eiweißmangel kann zu geistigen und körperlichen Schäden führen.

Fett
Es gibt drei Fettsäuretypen, gesättigte, einfach ungesättigte und mehrfach ungesättigte Fettsäuren. Man braucht täglich 10 g Linolsäure (eine mehrfach ungesättigte Fettsäure), die man in Pflanzenöl findet. In Deutschland ißt man aber durchschnittlich zu viel Fett. Pro Kopf und pro Jahr werden 26 kg sichtbares Fett dazu noch 25 kg unsichtbares Fett, d.h. 51 kg Fett pro Jahr (oder 1 kg wöchentlich und 135 g täglich) gegessen. 73–86 g sollten es täglich sein.

There are two main types of foodstuffs. What are they?
What is the German for:

protein	fat
trace elements	polyunsaturates
adult	bodyweight
daily	weekly
lack/deficiency	visible fat
bodily	mental
carbohydrate	a bit
on average	

Wo findet man mehrfach ungesättigte Fettsäuren?

Where do you find polyunsaturates?

Wieviel davon soll man täglich zu sich nehmen?

How much should you have daily?

Woraus besteht der menschliche Körper?

What is the human body made up of?

• What does this article say about the German diet?

Vitamine

Vitamin A (Retinol) Es ist wichtig für Haut, Haare und Augen.
Ein Mangel kann zu Nachtblindheit führen.
Vitamin A findet man in Leber, Margarine, Milch und
Milchprodukten, Obst und Gemüse.

Vitamin B1 (Thiamin) ist ein wichtiges Nervenvitamin. Ein Mangel
kann zu Störungen der Herztätigkeit und zu Verdauungsstörungen führen.
Vitamin B1 findet man in Milch und Milchprodukten,
Innereien, Kartoffeln, Getreide, Fleisch.

Vitamin B2 (Riboflavin) ist wichtig für Haut und Nägel.
Ein Mangel kann zu Müdigkeit, Arbeitsunlust und Veränderungen
an den Lippen führen.
Vitamin B2 findet man in Milch und Milchprodukten, Fleisch,
Getreideerzeugnisse, Kartoffeln.

Vitamin B6 (Pyridoxin) hilft bei der Bildung der weißen
Blutkörperchen. Ein Mangel kann zu Hautproblemen oder
Nervosität führen.
Vitamin B6 findet man in Getreideerzeugnissen, Malz, Leber,
Milch, ~~Fleisch~~, Innereien, Rindfleisch und Avokado.

Vitamin C (Ascorbinsäure) ist wichtig für Blut und ein
Schutzvitamin gegen Infektionen. Ein Mangel kann zu Schwäche,
Knochenschmerzen und Hautblutungen führen. Raucher brauchen mehr
Vitamin C findet man in Obst, Gemüse, Vitamin C.
Kartoffeln, Getreideerzeugnissen,

Vitamin E (Tocopherol) Es reguliert den Wasser- und Fetthaushalt
und verbessert die Vitamin A-Versorgung. Es ist auch wichtig für die
Vitamin E findet man in Pflanzlicher Öle, ~~Obst~~ Sexualität.
Margarine, Butter, Milch, Käse, Getreideerzeugnissen. Gemüse.

According to Julia's biology notes:

What are the functions of the various
vitamins?
Where are the vitamins found?
For each vitamin, describe the consequences
of a deficiency.

das Getreide	cereals
die Innereien	innards/offal
das Erzeugnis(se)	product

In der Konditorei

After all this talk of healthy food Sonja goes into a *Konditorei* where she succumbs to a delicious looking strawberry cake. She goes to the counter to select the cake and gets a ticket from the lady behind the counter. She then goes to sit down and gives the ticket to the waitress who then brings her cake.

- Write an explanation in German of what happens when you go for *Kaffee und Kuchen* in a *Konditorei* for your German school magazine.

aus/wählen	*to choose*	die Theke(n)	*counter*
sich setzen	*to sit down*	der Zettel	*ticket*

Zwischendurch

Hmm lecker. Genau das, was ich gerade tue, sollte man vermeiden, wenn man sich gesund ernähren möchte. Dieser Kuchen ist voller Kalorien, Zucker und Fett – aber er schmeckt phantastisch! Viele Leute können genau wie ich nicht widerstehen. Ich fragte sie: «Ißt du zwischen den Mahlzeiten?»

Ja, einen Apfel.

Meistens ein Joghurt.

Einen Müsliriegel.

Nein.

Ich trinke einen Kaffee.

Eine Cola.

Ein Milchgetränk.

Meistens nichts.

Ab und zu ein Brot.

Süßigkeiten zwischendurch.

 ## Eine Umfrage

Wer ißt zwischen den Mahlzeiten?
Was essen sie?
Was ist ihr Lieblingsimbiß?

Auf dem Tisch

Ordne die Wörter den Bildern zu.

der Untersetzer(–)
das Messer(–)
die Flasche(n)
das Glas(¨er)
die Schale(n)
die Kanne(n)
der Krug(¨e)
die Gabel(n)
der Löffel(–)
die Schüssel(n)
der Teller(–)
die Tasse(n)
der Becher(–)

das Salz
der Pfeffer
der Senf
das Ketchup
die Mayonnaise

Kannst du den Tisch decken?

Was brauchst du?

Wir essen zu viert.
Wir essen Suppe, Aufschnitt, verschiedene Salate und trinken Bier, Milch oder Sprudel. Als Nachtisch gibt es Kompott oder Joghurt.

Und wo sind die Gegenstände?

Wo bewahrt man die Gegenstände bei euch zu Hause auf?
Sonja hilft dir beim Tischdecken. Sag ihr Bescheid, wo die Gegenstände sind.

Kann ich Ihnen helfen?

Ask if you can help.

> Kannst du den Tisch decken?

Say yes and ask what you need.

> Messer und Gabeln, und Eßlöffel für den Nachtisch – und Teelöffel.

Ask where they are.

> In der Schublade neben der Spüle.

Ask if you need plates.

> Ja. Große und kleine, auch für's Brot.

Ask where they are.

> Im Wandschrank neben dem Kühlschrank.

Say there aren't enough.

> Vielleicht sind sie noch in der Spülmaschine.

Ask if they are clean.

> Ja. Ich hab' sie nur noch nicht ausgeladen. Die Gläser sind auch drin. Kannst du Bier und Sprudel holen?

Ask where they is.

> Im Keller.

Wo sind die Gegenstände? Wo stellen wir die Gegenstände hin?

DATIVFALL!	AKKUSATIVFALL!
auf dem Tisch in der Schublade	auf den Tisch in die Schublade

● Nach dem Essen. Ihr habt gespült. Jetzt hilft Sonja dir beim Abräumen. Sag ihr, wo sie die Gegenstände hinstellen soll.

Wohin gehören:

das Besteck	das Salz und Pfeffer	die Milch
das Geschirr	der Ketchup	der Zucker
die Gläser	das Brot	die Flaschen

Das Frühstück

Man braucht nichts mehr zwischendurch zu essen, wenn man ein reichhaltiges Frühstück zu sich nimmt.

You are staying in this hotel whilst visiting the *Modeschau* in Munich with your non-German-speaking boss, Gail Honey. Explain to her what everything on the buffet is called in German.

Was ißt du gern und was ißt du nicht so gern? Was würdest du hier frühstücken?

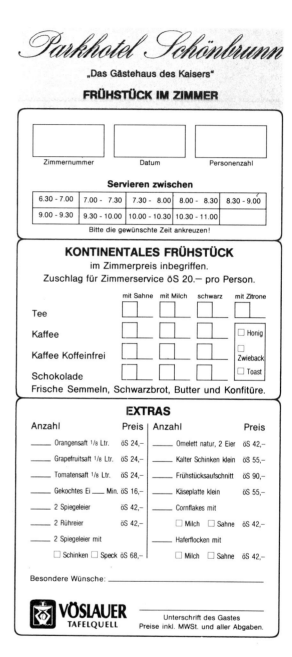

Und bei euch?

Welche Unterschiede gibt es zwischen dem Frühstück in Deutschland und einem Frühstück bei euch. Schreib sie auf!

Frühstück im Zimmer

What can you have for breakfast?
What would you choose?
How much would it cost?

Im Restaurant

Kannst du den Dialog richtig zusammenstellen?

Guten Abend.

Der Tisch in der Ecke ist frei.

Bitte sehr.

Das Schnitzel ist gut.

Paniertes Schweinefleisch.

Kartoffelsalat oder Pommes.

Omelett. Käse, Champignon . . .

Einmal Schnitzel und einmal Champignonomelett mit grünem Salat. Und als Nachtisch?

Welchen Geschmack?

Mit Sahne?

Und zu trinken?

Zusammen oder getrennt?

Was ist das?

Zweimal Eis.

Was können Sie empfehlen?

Erdbeer-Eis.

Die Speisekarte bitte.

Eine Cola und einen Orangensaft.

Was gibt es für Vegetarier?

Zusammen.

Einmal mit und einmal ohne.

Was bekommt man dazu?

Ich nehme Champignonomelett.

Ist hier noch frei bitte?

Guten Abend.

EXTRA

Ich habe	MASK.	FEM.	NEUT.	PL.
	keinen . . .	keine . . .	kein . . .	keine . . .

Du hast kein . . .

Schmeckt's?

Ich bin satt.
Hat es geschmeckt?
Es war . . .
. . . lecker!
. . . zu heiß!
. . . zu kalt!
. . . zu süß!
. . . zu sauer!
. . . zu wenig!
. . . lauwarm!

Bayerisch essen

Wenn man mittags oder abends essen gehen möchte, stehen in München eine Fülle von Restaurants zur Verfügung. Man kann italienisch, türklsch, griechisch oder auch bayerisch essen gehen. Hier ißt man bayerisch.

Explain to Gail what is on the menu today and be ready to ask the waiter to explain what something is and what he recommends.

- Bestell das Abendessen für dich und für Gail. Bilde den Dialog mit dem Kellner.

Tageskarte

Sonntag, 24. Februar

Menü I	Tomatensuppe mit Gin Kalbsnierenbraten mit Reibknödel und gem. Salat Dessert	16,80
Menü II	Tomatensuppe mit Gin Zarte Hirschkeule in Waldpilzsauce mit Preiselbeerbirne und Butterspätzle Dessert	19,80

Vorspeisen

Griechischer Bauernsalat mit eingelegtem Schafskäse auf knackigen Blattsalaten, Hausbrot und Butter	15,80
Salat von Meeresfrüchten in pikantem Tomatendressing, mit Hausbrot und Butter	17,80

Unser Fischangebot

Gebratener Norwegischer Fjord-Lachs auf Kresseschaumsauce, m. Broccoligemüse u. Butterreis	28,80
Gebackene Calamariringe in Bierteig, mit Sauce Remoulade und großem Salatteller	16,80

Der Küchenchef empfiehlt

Portion frischen Blumenkohl mit Schinken und Käse überbacken	12,80
Saftige Burgunderschinken auf kräftiger Rotweinsauce, m. grünen Bohnen u. Petersilienkartoffeln	18,50
Ofenfrisches Spanferkel in Dunkelbiersauce mit Reibeknödel und Speckkrautsalat	22,80

Desserts

Salat von frischen Melonen und Pfirsisch-Maracuja-Eis	7,50
Frische Erdbeeren mit Vanille-Eis und Sahne	8,50

---

die Bedienung	*service*	die Petersilie	*parsley*
empfehlen	*to recommend*	die Preiselbeere	*cranberry*
Grießnöckerl	*semolina dumplings*	die Rechnung	*the bill*
Kräuter	*herbs*	das Spanferkel	*sucking pig*
der Lachs	*salmon*	Zahlen, bitte.	*Can I play please?*
die Mehrwertssteuer	*VAT*	Das stimmt nicht.	*That's not right.*

Münchner Spezialitäten

Die Hauptmahlzeit beginnt man mit einer Suppe. Die typisch bayerischen «Supp'n» sind Leberknödel-, Leberspätzle- oder Pfannkuchensuppe: eine klare Brühe mit Einlagen oder Nudeln.

Danach kommt Spanferkel, Schweinsbraten oder Schweinshaxe mit Semmelknödl oder Kartoffeln. In München wird viel Schweinefleisch gegessen (laut einem alten münchnerischen Sprichwort «'s beste Gemüse ist halt das Fleisch»).

Dazu trinkt man «flüßiges Brot», d.h. Bier.

Ein Maß Bier. Ein Liter!

Als Imbiß ißt man Leberkäse oder die bekannte Münchener Weißwürste.

Leberkäse wird weder aus Käse noch Leber, sondern aus einer Mischung gehacktem und gewürztem Schweinefleisch und Rindfleisch zubereitet. Er wird meistens kalt mit Salat serviert.

Die Weißwürste werden aus Kalbfleisch, Speck, Zwiebeln, Zitrone und Petersilie gemacht. Sie werden nicht gebraten, sondern in Wasser gekocht und mit Senf und Laugenbrezen gegessen.

Dazu ißt man Radi – weiße Radieschen, in dünne Scheiben geschnitten und mit Salz bestreut. Dann wartet man bis sie schwitzen (Wasser ausschwitzen) sonst sind sie zu scharf.

Unter den Desserts ist «Zwetschgendatschi» (Pflaumenkuchen) sehr beliebt.

What are the soups like?

Which are the traditional meat dishes?

What is the usual accompaniment to them?

What is a *Maß*?

What is *Leberkäse* made of and how is it usually eaten?

What are the white sausages made of and how are they cooked?

What are *Radi* and how are they prepared?

What is the traditional dessert?

Weißwürste

Superstition says that the *Weißwürste* should not hear a clock strike twelve, i.e. they should be eaten fresh and only in the morning. *Laugenbrezen* are hard, crusty, salted *Brezel*.

Legend has it that the first *Weißwürste* were invented by mistake by a butcher called Moser Sepp who had sold out of sausages on *Faschingssonntag* in 1857. He had prepared the mixture for another purpose but as his customers wanted sausages he put the mixture in sausage skins and as they burst open when he tried to grill them he found another way of cooking them. The *Weißwürste* became so popular that there is even a monument to Herr Moser which you can see today in the *Gasthof* «Peterhof».

Die Hotelfachhochschule

Sonja besucht eine Kochstunde in der Hotelfachschule. Heute machen
sie Osso Buco. Hier ist das Rezept:

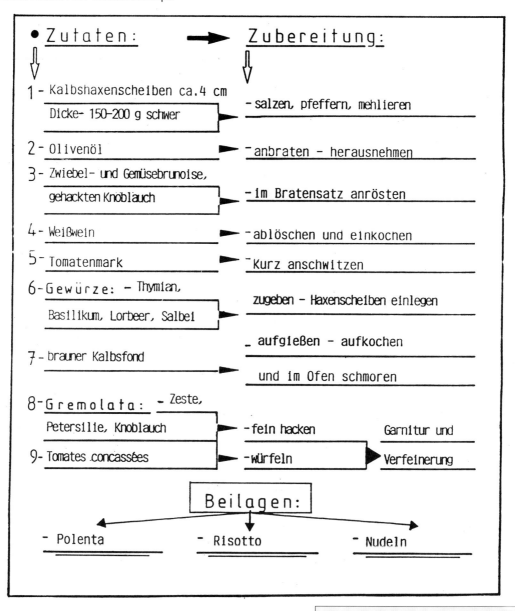

Name eight of the ingredients.
Choose four of the instructions and explain
them.
What does it suggest you garnish the dish with?
What does it suggest you serve with it?

der Lorbeer	*laurel*
der Salbei	*sage*
die Scheibe	*slice*
schmoren	*to braise*
das Tomatenmark	*tomato purée*

Getränke

Wenn man eine Diät macht, sollte man auch keinen Alkohol trinken. Aber hier in München trinkt fast jeder Bier und außerdem sind die Biergärten sehr gemütlich und es ist schön, draußen zu sitzen.

Es gibt mehrere Biersorten: Helles, Märzenbier, Bockbier, Weizenbier (auch Weißbier genannt) ... Weizenbier ist ein helles, sprudelndes Bier, das aus Weizen statt aus Gerste gebraut wird.

In München kauft man sich ein «Maß» – ein Liter Bier. Wenn man nur die Hälfte davon will, kann man sich «eine Halbe» kaufen. Ein Viertel Maß nennt man «Schoppen».

Das Radler ist eine Mischung aus Bier und Limonade.

brauen	*to brew*
die Gerste(n)	*barley*
sprudeln	*to bubble*
der Weizen	*wheat*

 ## Im Biergarten

Rainer, Dominik, Anneli und Monika sind im Biergarten. Was haben sie bestellt?

 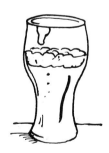  

Spiel im Biergarten

Was trinkst du? Der erste bestellt etwas. Der zweite wiederholt, was der vorausgehende Spieler gesagt hat und fügt etwas Neues hinzu usw.

Ich bin im Biergarten und ich trinke ...

Iß dich fit!

Es stimmt leider. Die schönsten Dinge im Leben machen oft dick, und wenn man nicht aufpaßt, hat man bald Übergewicht! Was ist gesund? Was ist ungesund? Was macht dick, wenn man zuviel davon ißt?

Was ißt du normalerweise am Tag? Wieviel Kalorien nimmst du pro Tag zu dir. Welche Nahrungsmittel sollte man vermeiden? Wie ist es mit Alkohol? Meinst du, daß er gut für dich ist?

Kalorientabelle

100 g der folgenden Lebensmittel enthalten in kcal:

Obst, Nüsse		Mehlwaren, Beilagen	
Ananas, Apfel,		Weizenmehl	360
Aprikosen,	55	Haferflocken	402
Birnen		Reis unpoliert	371
Bananen	90	Vollkornbrot	239
Erdbeeren,		Weißbrot	259
Johannisbeeren	37	Brötchen	278
Kirschen (Dose)	80	Knäckebrot	383
Weintrauben	74	Eiernudeln	390
Erdnüsse, geröstet	631	Kartoffeln, geschält	85
Haselnüsse	694	Pommes frites	400
Gemüse, Pilze		**Getränke**	
Blumenkohl	28	Gemüsesäfte	25
Champignons	24	Obstsäfte	30–74
Salat	20	Apfelwein	40
Tomaten	19	Traubenweine	70
Paprika	28	Südweine	140–170
Gurken	8	Sekt	90
Hülsenfrüchte	350–450	Whisky	250
		Rum	371
Zucker, Süßigkeiten		Weinbrand	240
Zucker	394	Bier	48
Honig	300	Limonade	48
Marmelade	233	Coca-Cola	44
Milchschokolade	563		
Eiscreme	205	**Fisch, Schalentiere**	
		Forelle, Kabeljau	95
Fleisch		Thunfisch	242
Rindfleisch		Ölsardinen	240
(mager)	213	Hummer	89
(fett)	345		
Kalbfleisch		**Eier,**	
(mager)	101	**Milch, Milchprodukte**	
(fett)	150	1 Hühnerei	87
Schweinefleisch		Vollmilch (3,5%)	66
(mager)	395	Magermilch	35
(fett)	566	Sahnequark	179
Leber	140	Magerquark	83
Gans (gebraten)	391	Edamer, 30%	280
Hähnchen (gegrillt)	144	Camembert, 45%	301
		Emmentaler	417
Wurst		Joghurt, 3,0%	110
Salami	550		
Leberwurst	449	**Fette**	
Sülzwurst	300	Butter, Margarine	780
Schinken (gek.)	282	Schweineschmalz	947
Lachsschinken	140	Sonnenblumenöl	930

Für Mineralwasser sowie schwarzen Kaffee und Tee, mit Süßstoff gesüßt, brauchen Sie keine Kilokalorien anzurechnen.

Menüvorschläge

- Du darfst heute **a** 2,500 **b** 2,000 **c** 1,500 Kalorien zu dir nehmen. Was ißt du? Stell dir Menüvorschläge zusammen.

- Wieviel Kalorien ißt man hier?

5 Diät-Tips

- *Fitness Snack*

  Bei Streß und Müdigkeit eine Banane essen. Sie hat nur 82 Kalorien und enthält vor allem Kalium und Magnesium, außerdem Eisen und Kupfer und die Vitamine A, B, C und E. Ihre gesunden Kohlenhydrate spenden schnell neue Energie.

- *Öfter wenig essen*

  Wer ständig Probleme mit dem Gewicht hat, sollte über den Tag verteilt sechs bis acht kleine Mahlzeiten statt drei größere essen. So vermeidet man Hunger.

- *Richtig trinken*

  Wenn Sie vor dem Essen und nicht während des Essens trinken, werden die Kohlenhydrate schlechter verwertet, und man nimmt nicht so leicht zu.

- *Haut und Haardrink*

  1 Tasse Magermilch, 4 Erdbeeren (frisch oder tiefgefroren), 1 Pfirsichhälfte (Dose), $\frac{1}{2}$ Banane und 1 Teelöffel Weizenkeime in den Mixer geben. Sofort trinken – so oft wie möglich. Enthält Proteine und Vitamine für Haut und Haar.

- *FDH*

  Friß die Hälfte.

What is a banana recommended for?
What are the advantages of eating a banana?
What is the advice to people with a weight problem?
Why?
When should you drink and why?
What are the ingredients?
What is it good for? Why?
What is the basis of the *FDH* diet?

 ## Einkaufen

Markus und Annika gehen einkaufen. Hier sind ihre Einkaufslisten. Haben sie richtig eingekauft? Was haben sie gekauft?

Kartoffeln	Äpfel	Tomaten	Kirschen	Knoblauch
Zwiebeln	Erdbeeren	Erbsen	Pfirsiche	Bananen
Möhren	Pilze	Gurke	Kohlrabi	
Radieschen	Brunnenkresse	Kopfsalat	Trauben	

1 «Fett i. Tr.» ist in Wirklichkeit nicht «Fett»

Wieviel Fett ein Käse enthält, läßt sich nicht ohne weiteres von der Packung ablesen. Denn die gesetzlich vorgeschriebene Deklaration *Fett i. Tr.* gibt nur den Fettgehalt in der Trockenmasse (daher *i. Tr.*) an. Der tatsächliche Fettgehalt liegt z.T. erheblich darunter. Ein Beispiel: Edamer enthält nach Abzug aller seiner flüssigen Bestandteile etwa 50% Trockenmasse. Steht auf der Verpackung *30% Fett i. Tr.*, dann bedeutet dies, daß 30% von der Hälfte seines Gewichtes Fett sind, also auf 100 Gramm nur 15 Gramm Fett entfallen.

Die Faustregel «Fettgehalt = Hälfte Fett i. Tr.» gilt für die meisten Schnittkäse und für viele Weichkäse. Hartkäse wie z.B. Emmentaler liegen darüber und alle Sauermilchkäse erheblich darunter.

	Fett-gehalt % F.i.Tr.	Wasser	Trocken-substanz	Fett	Eiweiß	Kohlen-hydrate	Kalzium	Phos-phor	Joule Kalorien	
		g	g	g	g	g	mg	mg	je 100 g	
Emmentaler	45	38	62	27,9	27,4	3	1060	860	1745	417
Edamer	30	51	49	14,7	26,4	2	960	600	1172	280
Gouda	45	45	55	24,8	25,6	2	840	510	1678	401
Tilsiter	45	45	55	24,8	26,3	2	770	500	1565	374

a What does *Fett i. Tr.* mean?

b Why does it say the fat content of cheese as given in the first column does not give a fair idea of its real fat content?

c What do columns 2–7 tell you?

d *Hartkäse, Schnittkäse, Weichkäse, Sauermilchkäse* and *Schmelzkäse* are five different groups of cheese types. What are these groups in English? When might you use these different cheeses? What two groups do you think the cheeses in the table belong to?

Die Speisekarte

Choose any two items from the menu and explain what they are.

Aus dem Wienerwald

Tagesempfehlungen

Eisbein   11,90
mit Sauerkraut, Erbsenpüree und
Salzkartoffeln

Bratkartoffelpfanne   7,80
mit 2 Spiegeleiern und Saisonsalat

Schollenfilet   9,95
eine ganze entgrätete Scholle gebacken
mit Kartoffelsalat und Sauce Remoulade

Steak vom Angus-Rind   15,90
mit Pommes frites and Saisonsalat

Vom Grill und aus der Pfanne

Wienerwald-Schnitzel   12,90
paniertes Schweineschnitzel mit
Pommes frites, dazu ein gemischter Salat

Jägerschnitzel   13,90
gebratenes Schweineschnitzel
in Champignon-Rahmsauce, dazu Spätzle

Wienerwald-Grillpfanne   14,90
Schweineschnitzel, Hähnchenbrustfilet,
Rostbratwürstl, Speck, Grilltomate,
Leipziger-Allerlei und Pommes frites

3 Salatpreise

What salads can you get for:

2,50 DM	4,50 DM
3,50 DM	7,50 DM
4,00 DM	8,50 DM

What types of salads are they?

Salatpreise

Nudelsalat	100g	2,50
Rohkostsalat	100g	3,50
Schafskäsesalat	100g	4,-
Artischockensalat	100g	4,50
Krabbensalat	100g	7,50
Meeresfrüchtesalat	100g	8,50
Crab Sticks in Joghurtsoße	100g	7,50

4 Im Supermarkt

Choose three of the items on offer and explain what they are:

Iglo
Pfannengemüse
Landhaus Art, Bauern Art,
Französische Art,
Chinesische Art,
tiefgefroren,
je 300-g-Packung
1,99

Kräuterbutter
Pfefferbutter
Knoblauchbutter
je 125-g-Rolle
1,99

Original Matjesfilet
in Öl, mit Kapern, Kräuter-Matjes,
Räucher-Matjes,
Zwiebel-Matjes,
je 500-g-Packung
7,99

Erbsen und Karotten
Feinster Salat-Cocktail
Zarte junge Erbsen
tiefgefroren,
je 1000-g-
Vorratspackung
3,33

Tiko
Himbeeren
aromatische Beilage für
Eisspezialitäten,
tiefgefroren,
250-g-Packung
2,99

Schöller
Eisbar
Riva, Roma, Napoli
je 1500-ml-Packung
5,95

Mövenpick-Torten
Creme Walnuß 1000 g,
Truffes Orange 750 g,
Chocolat Kirsch 1000 g,
tiefgefroren
je Packung
11,99

Ristorante
Pizza Schinken 310 g,
Pizza Spinaci 300 g,
Pizza Salami 300 g,
superdünn und saftig,
tiefgefroren,
je Packung
3,59

Which of these products are good for you or not? Why or why not?

SCHREIBPROGRAMM

1 Das Essen in Deutschland

Now you are back home after your visit to Germany. Write
and tell Sonja about what you ate and drank while you were
in Germany and how you found the food.

Als ich in Deutschland war ...
Was hast du gefrühstückt?
Was hast du getrunken?
Was hast du nachmittags und abends gegessen?
Wie war das Essen?

2 Essen bei uns

A party from Sonja's school is coming to stay with people in your school. They want to know
what sort of food to expect. Write a letter and tell them about it. They will be spending some
days in the school, some days they will be out all day with a picnic and at the weekend they will
be eating with the families – except on the Saturday evening when you are arranging a disco
with buffet in the school.

3 Übersetzen Sie bitte!

This café has been having a lot of German visitors and would like you to
translate their menu into German.

Sandwiches to take away
(in white or wholemeal bread)

Ham 95p
Cheese 80p
Salad 70p
Egg mayonnaise 65p
Ham salad 85p
Cheese salad 80p
Cheese and tomato 75p
Tuna and mayonnaise 75p
Tuna salad 75p
Cream cheese and celery 85p
Salmon and cucumber £1.10
Smoked salmon and prawn £1.45
Avocado and prawn £1.40
Chicken and mayonnaise £1.25
Chicken salad £1.25
Turkey and cranberry £1.15

Hot snacks
(to take away)

Chips   small 50p
         large 80p
Fish   80p
Curry sauce 15p

1 Gesund oder ungesund?

Was sollte man essen? Was ist gesund?
Was sollte man nicht essen? Was ist ungesund?

	gesund	ungesund
Monika		
Bernd		
Miriam		

2 Was ißt du zum Frühstück?

Was hat er nicht gegessen?

3 Ißt du Fleisch?

	Ja/Nein	Wie oft?	Was für Fleisch?
1			
2			
3			
4			
5			

4 Was empfiehlt er?

1 BLUMENKOHLCREMESUPPE   DM 3,80

2 MENÜ: DM 14,90   3 UNSER FISCHANGEBOT: DM 22,80   4 SENIORENTELLER: DM 13,9
TAGESSUPPE   LACHSSTEAK VOM ROST AUF   FRISCHER BROCCOLI MIT KÄSESOßE
HENDLKEULEN GEBRATEN AUF PAPRIKASOßE   KRÄUTERRAHMSOßE MIT GEDÜN-   ÜBERBACKEN UND PETERSILIEN-
MIT POMMES FRITES   STETEM MANGOLD UND BUTTER-   KARTOFFELN
DESSERT   KARTOFFELN

5 SPANFERKELINNEREIEN IN SENFSOßE MIT KRÄUTER- DM 12,90   9 SCHWEINESCHNITZEL "WIENER ART" MIT POMMES   DM 16,9
  PÜREE   FRITES

6 CHAMPIGNONS GEBACKEN MIT SAUCE REMOULADE   DM 13,90   10 GANZES VORDERES SURHAXL AUF SAUERKRAUT MIT DM 16,9
  AUF LOLOROSSO UND FELDSALAT   KARTOFFELPÜREE

7 FRISCH GESOTTENES RINDERKRONFLEISCH MIT   DM 14,90   11 PUTENGESCHNETZELTES "ZÜRICHER ART" MIT   DM 17,2
  MEERRETTICH UND KARTOFFEL- GURKENSALAT   CHAMPIGNONS UND RÖSTI

8 BUNTER NUDELTELLER IN SAHNESOßE MIT STREIFEN DM 15,50   12 GEBRATENE SCAMPI AUF KNACKIGEN BLATTSALATEN DM 18,80
  VON GERÄUCHERTEM LACHS UND PARMESAN   IN KRÄUTERDRESSING

13 WILDSCHWEINBRATEN IN WACHOLDERRAHMSOßE MIT SPECKROSENKOHL UND HAUS- DM 20,50
   GEMACHTEN BUTTERSPÄTZLE

14 LAMMFILET VOM GRILL IN KNOBLAUCHSOßE AUF RATATOUILLE-GEMÜSE DM 20,90
   MIT REIBERDATSCHI

5 Frühstück im Zimmer

Fülle den Frühstückszettel für Herrn und
Frau Braun aus.

KONTINENTALES FRÜHSTÜCK

im Zimmerpreis inbegriffen.
Zuschlag für Zimmerservice öS 20.– pro Person.

	mit Sahne	mit Milch	schwarz	mit Zitrone
Tee	☐	☐	☐	☐
Kaffee	☐	☐	☐	☐ Honig
Kaffee Koffeinfrei	☐	☐	☐	☐ Zwieback
Schokolade	☐	☐	☐	☐ Toast

Frische Semmeln, Schwarzbrot, Butter und Konfitüre.

EXTRAS

Anzahl		Preis	Anzahl		Preis
____ Orangensaft 1/8 Ltr.		öS 24,–	____ Omelett natur, 2 Eier		öS 42,–
____ Grapefruitsaft 1/8 Ltr.		öS 24,–	____ Kalter Schinken klein		öS 55,–
____ Tomatensaft 1/8 Ltr.		öS 24,–	____ Frühstücksaufschnitt		öS 90,–
____ Gekochtes Ei ____ Min.		öS 16,–	____ Käseplatte klein		öS 55,–
____ 2 Spiegeleier		öS 42,–	____ Cornflakes mit		
____ 2 Rühreier		öS 42,–	☐ Milch ☐ Sahne		öS 42,–
____ 2 Spiegeleier mit			____ Haferflocken mit		
☐ Schinken ☐ Speck öS 68,–			☐ Milch ☐ Sahne		öS 42,–

Besondere Wünsche: _____

VÖSLAUER TAFELQUELL

Unterschrift des Gastes
Preise inkl. MWSt. und aller Abgaben.

6 Sepp, Verena, Gottfried und Johanna

Wer hat was gegessen?

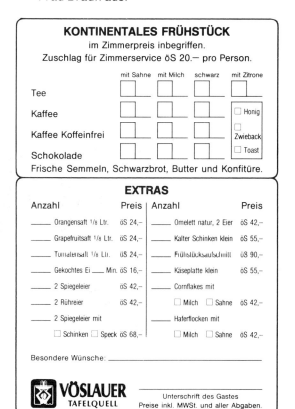

LERNZIELKONTROLLE

1 You should be able to:

talk about food;
say what you like and dislike;
express your opinion;
say what you think is good for you and what isn't;
say why, give reasons for your answers;
understand a recipe, and a menu;
ask for recommendations;
ask for information;
say if there is anything wrong with the food;
purchase foodstuffs, snacks and meals;
know the names of cutlery and crockery and be able to help in the kitchen;
understand recipes;
explain dishes to other people.

2 Ein Interview

Was sollte man essen? Was ist gesund?
Was ist ungesund? Was macht dick?
Ißt du zwischen den Mahlzeiten?
Was ißt du zum Frühstück? Schmeckt's?
Ißt du Fleisch?
Kannst du dir vorstellen, einmal
Vegetarier zu werden?

Was trinkst du?
Wie ist es mit Alkohol? Meinst du,
daß er gut für dich ist?
Macht es nicht dick?
Welche Nahrungsmittel sollte man
vermeiden?
Machst du eine Diät?

ROLLENSPIEL

Am Imbiß

Ask for something to eat. — Sonst noch etwas?

Ask for something not on the list. — Ja. Wieviel?

Ask how much it is.

Say whether you'll have it. — Etwas zu trinken?

Choose something. — Sonst noch etwas?

Say that is all and ask how much it is.

Coca-Cola Fanta	Dose 0,33l	1,80
Mineralwasser	Dose 0,33l	1,80
Bier hell	Dose 0,33l	1,80
Weißbier	Dose 0,5 l	2,90
Alkoholfreies Bier	Dose 0,5 l	2,90
Vitell	Dose 1,5l	2,20

Säfte

1 Fl. Sauerkirschsaft	0,2l	2,20
1 Fl. Orangensaft	0,2l	2,–
1 Fl. Traubensaft	0,2l	2,–
1 Fl. Apfelsaft	0,2l	2,–
1 Fl. Pfirsichsaft	0,7l	3,50
Eckes Apfelsaft	Dose 0,7l	2,70
Eckes Grapefruitsaft	Dose 0,7l	3,–
Eckes Orangensaft	Dose 0,7l	3,50
Kaltgetränk Orange+Kirsch	0,2l	1,40

Imbiss

1 Buttersemmel	–,
1 Butterbreze	1,20
1 Emmentalersemmel	2,30
1 Emmentalerbreze	2,–
1 Salamibreze	2,20
1 Wurstsemmel	2,4
1 Paar Wiener	2,–
1 Gulaschsuppe	3,60

Coca-Cola Coke

Kapitel 16

Kleider machen Leute

Designermode ist chic, wenn man es sich leisten kann. Aber wenn man noch zur Schule geht und wenig Geld hat, geht das nicht. Und vielleicht hättest du auch gar keine Lust, Designer-Klamotten zu tragen. Jetzt wollen wir uns einmal anschauen, was die Leute wirklich anziehen – zur Arbeit, in der Freizeit und zur Schule.

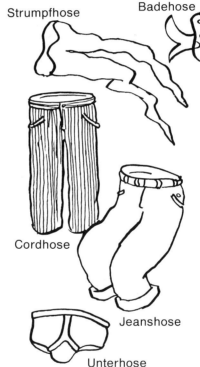

Skihose
Strumpfhose
Badehose
Latzhose
Cordhose
Jeanshose
Unterhose

Die Klamotten

| der Anzug | *suit* |

Wie heißt der Anzug, den man beim Schwimmen, beim Joggen, beim Schlafen, beim Skifahren usw. trägt? Könnt ihr euch weitere Beispiele überlegen?

| das Kleid | *the dress* |

Wie heißt ein Kleid, das man im Sommer trägt; und ein Kleid, das man im Winter trägt; und ein Kleid, das aus Wolle gemacht wird; und ein Kleid, das man in der Sonne trägt?

| der Mantel | *the coat* |

Wie heißt ein Mantel, den man bei nassem Wetter trägt? Könnt ihr euch weitere Beispiele überlegen? z.B. ein Mantel aus Pelz.

| das Hemd | *the shirt* |

Wie viele Wörter könnt ihr aus dem Wort *Hemd* bilden? z.B. Was trägt man unter einem Hemd? Was trägt man, wenn man schlafen geht?

Was trägt man noch?

Was trägst du zur Schule? Und wenn du abends mit Freunden mal rausgehst? Was sagen deine Eltern zu deiner Kleidung?

der Anorak	der Gürtel	der Pullover	die Shorts
der Bikini	der Hut	der Rock	die Socken
die Bluse	die Jacke	der Schlips	das T-Shirt
der Büstenhalter	die Mütze	der Slip	die Weste

Der, die oder das?

MASKULINUM	FEMININUM	NEUTRUM	PLURAL

Kannst du die Substantive auf die vier Spalten richtig verteilen?

Sommerkleid   Winterhut   Unterwäsche   Regenmantel
Bademütze   Badeanzug   Strickjacke   Anzüge
Shirtkleid   Hosenanzug   Trainingsanzug   Pelzmantel
Handschuhe   Wolljacke   Polohemd   Hosen
Sicherheitsgürtel   Karottenhose   Hosenrock   Opa-Shirt
Sweatshirt   Jeanshemd   Gymnastikhose   Nachthemd
Pullis   Bademantel   Pumps   Unterrock

Wie findest du die Kleidungsstücke?

Er/sie/es ist . . .

altmodisch	*old fashioned*
ausgeflippt	*way out*
bequem	*comfortable*
breit	*wide*
elegant	*elegant*
eng	*narrow, tight*
flott	*smart, dashing*
die Fransen	*fringe*
frech	*cheeky*
geschmacklos	*tasteless*
die Kapuze	*hood*
kurz	*short*
lässig	*casual*
modisch	*fashionable*
modern	*fashionable*
passen + zu	*to go with, to match*
pfiffig	*'with it'*
praktisch	*practical*
raffiniert	*refined*
schick	*chic, elegant*
schön	*nice*
Spitze!	*Super!*
sportlich	*sporty*
teuer	*expensive*
tragbar	*wearable*
witzig	*fun, funny*
zeitlos	*timeless*
zu	*too*

16 Kleider machen Leute

Adjektive

Adjektivformen nach *ein, mein, dein, sein, ihr, euer, kein, Ihr*:

	MASK.	FEM.	NEUT.	PLURAL
NOM.	ein ro**ter** Rock	eine blaue Jacke	ein weiß**es** Hemd	meine weiß**en** Socken
AKK.	ein**en** ro**ten** Rock	eine blaue Jacke	ein weiß**es** Hemd	meine weiß**en** Socken
GEN.	ein**es** ro**ten** Rocks	ein**er** blau**en** Jacke	ein**es** weiß**en** Hemd**es**	mein**er** weiß**en** Socken
DAT.	ein**em** ro**ten** Rock	ein**er** blau**en** Jacke	ein**em** weiß**en** Hemd	mein**er** weiß**en** Socken

Adjektivformen nach *der, dieser, jeder, mancher*:

	MASK.	FEM.	NEUT.	PLURAL
NOM.	der rote Rock	die blaue Jacke	das weiße Hemd	die weiß**en** Socken
AKK.	d**en** ro**ten** Rock	die blaue Jacke	das weiße Hemd	die weiß**en** Socken
GEN.	d**es** ro**ten** Rocks	d**er** blau**en** Jacke	d**es** weiß**en** Hemd**es**	d**er** weiß**en** Socken
DAT.	d**em** ro**ten** Rock	d**er** blau**en** Jacke	d**em** weiß**en** Hemd	d**er** weiß**en** Socken

Adjektivformen ohne Artikel:

	MASK.	FEM.	NEUT.	PLURAL
NOM.	ro**ter** Rock	blaue Jacke	weiß**es** Hemd	weiße Socken
AKK.	ro**ten** Rock	blaue Jacke	weiß**es** Hemd	weiße Socken
GEN.	ro**ten** Rocks	blau**er** Jacke	weiß**en** Hemdes	weiß**er** Socken
DAT.	ro**tem** Rock	blau**er** Jacke	weiß**em** Hemd	weiß**en** Socken

Die Farben

● Wie heißen sie auf englisch?

beige	blau	gelb	gold	grau	grün	lila	hell-
rosa	rot	schwarz	silber	türkis	weiß	dunkel-	neon-

● Wie sagt man das auf deutsch?

1 He is wearing a blue shirt, white trousers, a red pullover and white socks.
2 She has a red shirt and white trousers on.
3 His green trousers are new.
4 I am going to wear my blue shirt, grey trousers, and white pullover.

Und heute trägt . . .

Schneide ein Bild einer Persönlichkeit aus einer Zeitschrift aus und klebe es in dein Heft ein oder auf ein Blatt Papier. Beschreib seine/ihre Kleider.

Was tragen sie?

Kannst du die Klamotten genauer
beschreiben?

bunt	*colourful*
einfarbig	*plain*
kariert	*checked, tartan*
gemustert	*patterned*
gepunktet	*spotted*
gestreift	*striped*
getupft	*dotted*
aus Baumwolle	*cotton*
aus Kunststoff	*artificial fabric*
aus Leder	*leather*
aus Seide	*silk*
aus Spitze	*lace*
aus Wolle	*wool*
der Ärmel(–)	*sleeve*
die Hüfte	*hips*
der Knopf(¨e)	*button*
das Knopfloch(¨er)	*button hole*
der Kragen	*collar*
das Loch(¨er)	*hole*
das Oberteil	*top part*
der Reißverschluß	*zip*
die Taille	*the waist*
das Unterteil	*lower part*

- Was hast du heute an? Beschreib deine Klamotten.
  Was tragen deine Mitschüler? Beschreib
  ihre Klamotten.
  Was hat der Lehrer bzw. die Lehrerin heute an?

Modeschau

München ist genau wie Paris, London oder Rom – ein internationales Modezentrum. Jedes Jahr findet hier die Modewoche statt. Käufer aus aller Welt kommen um die neuesten Designs zu sehen.

Model und Designer

Name: Shamin
Alter: 26

Beruf: Model
Training: Kein Training absolviert
Monatliche Ausgabe für Kleidung: 500 – 1 000 DM
Kleider: Klassische, zeitlose Designer Sachen
Teuerstes Stück: *ca.* 1 000 DM (ein Kashmir Mantel)

Name: Hendra
Ramli

Geburtsort: Indonesien
Beruf: Mode Designer
Kleidung: Meine eigene Entwürfe
Teuerstes Stück: 500 DM (Schuhe)

Name: Peter
Alter: 21

Beruf: Visagist
Training: Praktikum
Monatliche Ausgabe für Kleidung: 300 – 500 DM
Kleidung: Ganz legere Kleidung, tragbar
Teuerstes Stück: 2 000 DM (eine Lederjacke)

Name: Albricht
Alter: 31

Beruf: Model und Goldschmied
Training: (Goldschmied) Meisterschule
Monatliche Ausgabe für Kleidung: So wenig wie möglich
Kleidung: Secondhand oder von den Modeschauen
Teuerstes Stück: 600 DM (Schuhe)

Wie heißen sie? Wie sehen sie aus? Was machen sie? Was für Kleidung tragen sie? Was war das teuerste Kleidungsstück, das sie bis jetzt gekauft haben?

● Choose two of them and write a paragraph about them in German for your German school magazine.

Designerklamotten

Modeentwurf
Kannst du das Bild beschreiben?

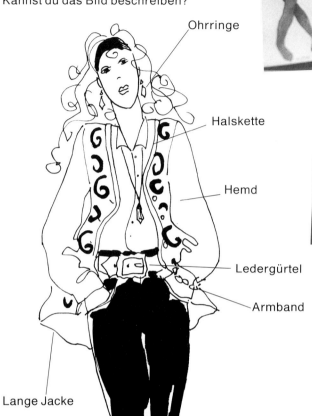

Ohrringe

Halskette

Hemd

Ledergürtel

Armband

Lange Jacke

Schnürschuhe mit 'Louis' Absatz

In der Meisterschule.

- Kannst du ein Kostüm entwerfen?

- Macht eine Modeschau und filmt sie, wenn möglich, mit einer Videokamera!

Münchner Mode

Was tragen die Jugendlichen aus München?

Vanilla

Gerhard

*Christine, Georg, Sandra
und Robert*

- Kannst du sie beschreiben?

  Wie sehen sie aus?
  Wie groß sind sie ungefähr? Sind sie größer oder kleiner als du?
  Sind ihre Haare hell oder dunkel, lang oder kurz, glatt oder wellig?
  Wie alt sind sie ungefähr? Meinst du, daß sie älter sind als du?
  Was haben sie an?
  Wie findest du ihre Kleidung?

Schuhe

Was für Schuhe tragen sie?

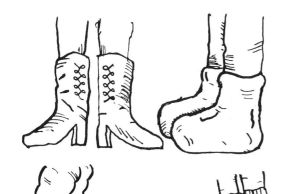

der Absatz(¨e)	*heel*
der Pantoffel(n)	*slipper*
die Sandale(n)	*sandal*
der Schuh(e)	*shoe*
die Schnürschuhe	*lace-ups*
die Sohle(n)	*sole*
der Stiefel(–)	*boot*
der Trainingsschuh(e)	*trainer*
der Turnschuh(e)	*gym shoe*
die Blase(n)	*blister*

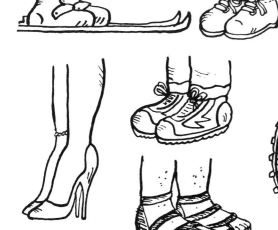

Welche Schuhgröße hast du?

Damen- und Herrenschuhe

Stellen Sie beide Füße (mit Strümpfen) aufs Papier und zeichnen Sie sorgfältig die Umrisse nach. Bleistift dabei senkrecht halten! Messen Sie dann beide Fußlängen von A – B in Zentimetern.
Weichen die Maße voneinander ab, so gilt der größere Wert. Nun einfach von der Zentimeterskala unserer Tabelle ausgehend die englische oder deutsche Größe ablesen!

Deutsche Größen	34	35	36	37	38	39	40	41	42	43	44	45	46	47	48
Fußlänge in cm	23		24		25		26		27		28		29	30		31	32
Engl. Größen	2	2½	3	3½	4	4½	5	5½	6	6½	7	7½	8	8½	9	9½	10	10½	11	11½	12	12½

Beschreib die Schuhe, die du im Moment anhast.
Vergleich deine Schuhe mit den Schuhen eines Mitschülers.
Wessen Schuhe sind größer?
Wer hat die neuesten Schuhe?
Wer hat ihre/seine Schuhe neulich geputzt?

Ein Interview

Die Fragen

Bekommst du regelmäßig Taschengeld?
Wieviel Geld bekommst du pro Woche/monatlich?
Hast du einen Job?
Wieviel Geld gibst du im Monat für Kleidung aus?
Ziehst du eher das an, was gerade «in» ist, oder was dir gefällt?
Was ist gerade modern?
Was ziehst du an, wenn du zur Schule gehst?
Was trägst du abends, wenn du in die Disco gehst?
Was ziehst du dir an, wenn das Wetter sehr warm ist?
Was trägst du im Winter, wenn es sehr kalt ist?

Die Antworten

Wie hießen die Fragen?

Ich weiß nicht genau.
Meine Eltern bezahlen meine Kleidung.

Schuhe, Sweatshirts, Hosen. Es variiert ein bißchen.

Ja. Ich trage die Zeitungen aus.

Sportliches und auch etwas zum Ausgehen.
Etwas Schickes.

25 DM die Woche.

Jeans, Schuhe, Sweatshirt.

Shorts und ein T-Shirt.

Sportkleidung.

Einen dicken Pullover, eine Wollhose und einen wattierten Anorak.

Breite Hose und ein Sweatshirt mit Kapuze.

Was gerade modern ist.

Etwas Schickes.

Genau das, was ich im Moment trage.

Aus dem Katalog

What are garments 1–7?
What is each one's special feature?
What colour are they available in?

① **Shirtkleid.** 2-teilig. Aus 52% Baumwolle, 35% Viskose, 13% Polyester. Mit feinem Glanz. Ohne Gürtel.

messingfarben	315 851	schwarz	315 835
fuchsia-rot	315 785	lila	315 761

② **Bluse.** Madraskaro in leuchtenden Farben. Mit Brusttasche. Reine Baumwolle.

türkis-orange-gelb	638 952

③ **Rock** aus Shirtstoff. Durchgeknöpft mit elastischem Bund. Länge: ca. 85 cm. Reine Baumwolle.

türkis	158 471	weiß	158 456

④ **T-Shirt** mit Diagonalstreifen. 50% Baumwolle, 50% Polyester.

khaki-rot	743 006	pink-weiß	742 665
flieder-weiß	742 766	mint-weiß	742 985
braun-weiß	742 891	schwarz-weiß	742 530

⑤ **Krempel-Shorts** mit Nieten. 2 Taschen. Reine Baumwolle.

khaki	200 211	pink	301 490
flieder	758 050	mint	301 546
weiß	200 191	schwarz	301 495

⑥ **Blusenhemd** in zartem Jacquard-Dessin. Hübsche Schulterpartie, Ärmel mit Manschetten und Saum mit abgerundeten Seiten - chic zum Drunter und Drüber tragen. 100% Viskose.

lila	635 227	kiwigrün	635 403
hummerrot	635 278	weiß	635 222

⑦ **Hosenrock.** Jersey aus 100% Polyester. Seitlich elastischer Tailleneinsatz. Reißverschluß vorn, eine Seitentasche. Länge: ca. 78 cm. Ohne Gürtel.

kiwigrün	786 957	schwarz	786 808
wollweiß	787 037	pink	786 867
kobaltblau	787 031		

der Flieder	*lilac*	das Messing	*brass*	rein	*pure*
der Glanz	*shine, glitter*	die Manschette(n)	*cuff*	der Saum(¨e)	*hem*
der Hummer	*lobster*	die Niete(n)	*rivet*	zart	*delicate*

Deiner Meinung nach . . .

Wie findest du eine Schuluniform?

> Ich finde es gut, weil man dadurch nicht sehen kann, ob die Schüler arm oder reich sind.
>
> Es ist teuer, wenn man noch Sachen für die Schule kaufen muß, denn man muß auch Kleidung für die Freizeit haben.
>
> Ich persönlich finde es nicht gut, weil es so eintönig in der Schule ist.
>
> Ich finde sie nicht gut, weil jeder so einheitlich eingezogen ist, und schön sind sie meistens auch nicht.
>
> Wenn man eine Uniform trägt, sieht es wie beim Militär aus.
>
> Man sollte sich so anziehen, wie es einem gefällt, und nicht wie die Schule sagt.

Wie ist deine Meinung?

● Beschreib eine Schuluniform.

Was tragen die Jungen?
Und was tragen die Mädchen?
Findest du eine Schuluniform gut oder nicht gut? Warum?
Begründe deine Antwort.
Was sind die Vorteile, und was die Nachteile einer Schuluniform?
Schreib eine Liste über Vor- und Nachteile auf.

Wie gefällt dir die Hose?

(Und wie gefallen dir die Hemden?)

	MASK.	FEM.	NEUT.	PLURAL	
	Er	Sie	Es	Sie	gefällt mir. gefallen mir.
Wieviel kostet Wieviel kosten	er?	sie?	es?	sie?	
Ich würde	ihn	sie	es	sie	kaufen.
Ich nehme	ihn.	sie.	es.	sie.	

Was ist deine Meinung? Wie findest du diese Kleidungsstücke? Würdest du sie kaufen?

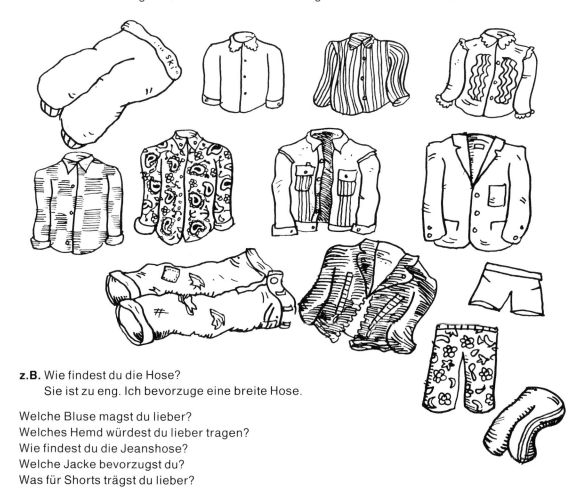

z.B. Wie findest du die Hose?
Sie ist zu eng. Ich bevorzuge eine breite Hose.

Welche Bluse magst du lieber?
Welches Hemd würdest du lieber tragen?
Wie findest du die Jeanshose?
Welche Jacke bevorzugst du?
Was für Shorts trägst du lieber?

In der Herrenabteilung

Guten Tag. Kann ich Ihnen helfen? You are looking for a jersey.

Welche Größe? You don't know.

Möchten Sie eine bestimmte Farbe? Dark brown.

Einfarbig oder gemustert?

Dieser Pullover? No, you don't like it.

Oder dieser hier? You do like it. Ask to try it on.

Die Umkleidekabine ist dort drüben. No, it's too small. Have they got the same one a size bigger?

Ja. Bitte schön. Ask how much it is.

55 DM. You'll take it. Ask where to pay.

Die Kasse ist dort drüben.

Wann trägt man . . . ?

Wenn-Sätze – Achte auf die Reihenfolge, wenn du antwortest!

Wann trägt man einen Regenmantel?
Wann trägt man einen Schal und Handschuhe?
Wann trägt man einen Skianzug?
Bei welchem Wetter trägt man einen Bikini oder eine Badehose?
Bei welcher Sportart trägt man einen weißen Anzug und einen gefärbten Gürtel?
Bei welcher Sportart trägt man weiße Shorts oder einen weißen Minirock, ein weißes Polohemd und weiße Schuhe und Socken?
Bei welchem Wetter trägt man dicke Wollsachen?
Wann würdest du eine Lederjacke oder einen Kashmirmantel kaufen?
Wann würdest du den Flohmarkt besuchen?
Wann trägst du einen Neoprenanzug?

Spiel

Ich bin in die Stadt gegangen und ich habe . . . gekauft.
Jeder sagt der Reihe nach, was die vorausgehenden Spieler gesagt haben und fügt etwas Neues dazu.

16 Kleider machen Leute

In der Stadt

- Wie viele verschiedene Geschäfte kannst du nennen?

  Wo kauft man Bücher?
  Wo kauft man Filme und Kameras?
  Wo kauft man Schreibwaren?
  Ich brauche Tempotaschentücher.
  Ich muß etwas Geld wechseln.
  Ich will ein paar Blumen für meine Gastgeberin kaufen.
  Wir möchten eine Pizza zum Mitnehmen.

  Ich will meinem Vater dringend eine englische Zeitung kaufen.
  Wo kaufe ich Gummibärchen?
  Ich habe meine Hose bekleckert. Wo kann ich sie reinigen lassen?
  Wo kann ich meinen Film entwickeln lassen?
  Ich brauche Briefmarken für einen Brief nach England.
  Ich möchte ein Geschenk für meine Mutter. Wo finde ich Geschenkartikel?

ROLLENSPIEL

Geschenke kaufen

Guten Tag. Kann ich Ihnen helfen?	Say you want a present for your mother.
Was hätte sie gern?	Say you don't know.
Wieviel wollen Sie ausgeben?	Say about 20 DM.
Wie wäre es mit einer Schachtel Pralinen?	No, she's on a diet.
Etwas zum Anziehen?	Like what?
Einen Schal zum Beispiel?	How much are they?
Von 12 bis 50 DM.	Ask if they have woollen scarves.
Kariert oder einfarbig?	Say a plain dark blue one.
Dieser hier ist 10% Kashmir.	How much is it?
24 DM.	Can you pay with Mastercard?
Ja, natürlich.	You'll take it and please could she gift wrap it.
Bitte schön. Auf Wiedersehen.	

STAR PROFIL

1 Wer war dein Teenager-Idol?

James Dean.

2 Hast du einen Spitznamen?

Als ich jung war, habe meine Eltern mich 'Blondie' genannt.

3 Was machst du morgens nach dem Aufstehen als erstes?

Ich mache die Musik an.

4 Wo würdest du am liebsten leben?

Auf einer Karibikinsel.

5 Wen oder was würdest du auf eine einsame Insel mitnehmen (Nahrung ist vorhanden)?

Musik. Einen Kassettenrekorder und viele Kassetten und Batterien.

6 Welche Talente hättest du gern?

Die Fähigkeit, morgens früh aufzustehen, auch wenn ich nicht zum Training muß.

7 Welche lebende Person würdest du gerne treffen?

Tom Cruise.

8 Bei welchem außergewöhnlichen Ereignis wärst du gern dabei gewesen?

Bei dem Abbruch der Berliner Mauer.

9 Was sind deine Hobbys?

Eiskunstlaufen und Musik.

10 Was magst du an dir und was magst du nicht?

Daß ich ziemlich froh und freundlich bin; daß ich unordentlich bin.

11 Was trägst du am liebsten?

Lässige Klamotten.

12 Was ist dein Lieblingsgericht?

Spaghetti und Pizza.

13 Was wolltest du werden, als du zwölf Jahre alt warst?

Mode Designerin.

14 Wie heißt deine Lieblingssendung im Fernsehen?

Ich habe keine Zeit zum Fernsehen.

15 Was ist dein größter Wunsch für die nahe Zukunft?

Profi werden.

What is Julia's family nickname?
What is her favourite food?
Whom would she like to meet?
What are her hobbies?
What is the first thing she does in the morning?

What does she not like about herself?
What did she want to be when she was younger?
What does she want to be now?
Where else would she like to live?
What sort of clothes does she like to wear?

● Mach ein Interview. Frag einen Mitschüler bzw. eine Mitschülerin.

Einen Verlust melden

Du hast folgendes verloren. Beschreib den Gegenstand, damit man ihn eventuell wieder finden kann.

Beim Fundbüro

You want to report something missing.	Ja. Schalter 3.
You have lost your travel bag.	Wie heißen Sie?
. . .	Anschrift?
. . .	Bei wem wohnen Sie hier in Deutschland?
. . .	Adresse?
. . .	Postleitzahl?
. . .	Telefonnummer?
. . .	Seit wann vermissen Sie die Tasche?
Yesterday morning.	Und wo haben Sie sie verloren?
You don't know. You last remember having it with you in the café.	Sind Sie zurück zum Café gegangen?
Yes.	Sind Sie schon bei der Polizei gewesen?
Yes. They told you to come here.	Können Sie die Tasche bitte beschreiben.
. . .	Ich schaue mal nach. Nein. Sie ist leider noch nicht hier. Kommen Sie morgen nochmal vorbei oder rufen Sie an.

Say thank you and goodbye.

Brief an ein Fundbüro

Köln, 20. August

Sehr geehrter Herr,

ich habe meinen Koffer verloren. Ich glaube, daß ich ihn im Zug liegenlassen habe.

Am 2. August fuhr ich mit dem Zug um 14.35 von Köln in Richtung München. In Stuttgart stieg ich aus.

Mein Koffer ist mittelgroß und dunkelblau. Darauf war ein Etikett mit meinem Namen und meiner Adresse. Im Koffer sind meine ganzen Kleider, ein roter Anorak, dicke Pullis, meine Kulturtasche und meine Unterwäsche usw.

Ich wäre Ihnen sehr dankbar, wenn Sie mir mitteilen könnten, ob er bei Ihnen abgegeben wurde.

Hochachtungsvoll

- Du hast deine Schultasche im Bus liegenlassen. Ruf beim Verkehrsamt an und frag, ob sie vielleicht abgegeben wurde.

- Du hast eine Reisetasche im Zug von Hamburg nach München verloren. Schreib ans Fundbüro in München und frag, ob sie vielleicht dort ist.

- Du hast deinen Anorak in der Jugendherberge liegenlassen. Schreib an die Herbergseltern, um herauszufinden, ob sie ihn gefunden haben.

WIEDERHOLUNG

Unterschiede

Welche Unterschiede gibt es zwischen der Schule in Deutschland und deiner Schule?

Was für eine Schule besuchst du?

Wann fängt die Schule an? Um wieviel Uhr ist die Schule aus?
Wie lange dauert eine Unterrichtsstunde?
Machst du die gleichen Fächer?
Wie viele Pausen gibt es? Ißt man in der Schule zu Mittag?
Mit wie vielen Jahren geht man in die Sekundarstufe?
Was für einen Schulabschluß macht man bei dir? Und in Deutschland?
Was trägt man in Deutschland, wenn man zur Schule geht? Und bei dir?

Beschreib einen normalen Schultag, z.B. Dienstag.

LESEPROGRAMM

1 Schilder

Jeder Diebstahl wird angezeigt

Bezahlen Sie an Kasse 3

Offen/Geschlossen

 Sonderangebot

Ruhetag-Dienstag

NOTAUSGANG

Betriebsferien 14.-28. Juli

Winterschlußverkauf

Ausverkauf

Ziehen

Fahrstuhl

Sonderpreis

 Wir müssen leider draußen bleiben

GESCHÄFTSZEITEN
Montag-Freitag
8·45 – 18·30
Samstag
8·45 – 13·00
langer Samstag
8·45 – 18·00

Rolltreppe

Drücken

Find the vocabulary for the following:

a sale
b thieves will be prosecuted
c open
d works holidays
e winter sale
f pull

g dogs not allowed
h closed
i late opening
j special offer
k emergency exit
l closing day

m special price
n lift
o escalator
p pay at desk 3
q business hours
r push

2 Aus dem Versandhauskatalog

a What would you get for 80 DM? What is the choice of colours?
b What is it and what is it made of?
c Where and when does it suggest you would wear this T-shirt?
d What does it say about this sweatshirt?
e What details can you give about this blouse?
f What are these trousers made of? What choice of colours is there?
g What are they worn with?

---

a

3 *Ein Super-Preis für diese starke Jacke aus Reiner Baumwolle!* Mit beachtenswerten Details wie verdecktem Reißverschluß, Kellerfalte im Rücken für Bewegungsfreiheit und Innentasche. Futter: Reine Baumwolle. Das ist preiswerte Mode von »Berto Lucci«!

petrol 263 435		marine 262 318
silbergrau 262 302		
44,46,48	50,52,54	56,58,60
80,–	90,–	100,–

b

B Lässig und sportiv: Freizeithemd in modischem Streifen-Druck-Dessin. Effektvolles Stickerei-Motiv auf der Brusttasche. 3 attraktive Farbstellungen. Aus Reiner Baumwolle.

 592 **OTTO**

c

1 Heiße T-Shirts für heiße Tage! T-Shirt aus Reiner Baumwolle, mit Stehkragen und Fotodruck. Das Richtige für den sportlichen Typ. Für den Nachmittag auf dem Surfbrett und den City-Bummel.

weiß 290 217		schwarz 290 884	
gelb 290 234		cyclam 290 223	
44/46	48/50	52/54	56/58
24,95	26,95	29,95	32,95

d

3 *Der ideale Kombi-Partner: Schickes Sweatshirt* mit aktuellem Polokragen und Druck-Motiv. Pflegeleiche Qualität: 65% Polyester, 35% Baumwolle.

marine 334 516		schilf 334 527	
weiß 334 505			
Gr.	46/48	50/52	54/56	58/60
	59,95	64,95	69,95	74,95

Pflegeleichtes Sweatshirt

ab **59.⁹⁵**

e

1 Zu einem super Preis ★ Bluse mit schicken Streifen ★ In lässig weiter Hemdenform ★ Aufgesetzte Taschen ★ Braune Knöpfe ★ Reine Baumwolle ★ Ausgewaschen ★ Weil's so schöner aussieht. In 3 Farben zur Wahl.

rot	886 410	grün 886 319
pflaumenblau	886 405	
Gr. 152/32, 158/34		45,–
Gr. 164/36, 170/38		50,–
Gr. 176/40, 182/42, 188/44		55,–

f

2 Die wollen alle ★ Die superweite Hose ★ Mit vielen, vielen Bundfalten ★ Und witziger Taschenlösung ★ Normale Länge ★ Aus Twill ★ Reine Baumwolle, vorgewaschen ★ In 5 topaktuellen Kombi-Farben ★ Ohne Gürtel.

pflaumenblau 298 252	grün	298 246
schwarz	840 099	weiß	886 192
sand	840 088	
Gr. 152/32, 158/34		65,–
Gr. 164/36, 170/38		72,–
Gr. 176/40, 182/42, 188/44		79,–

A *Ledergürtel* 775 103	
Gr. 70, 80, 90 cm	49,90

---

3 Im Kaufhaus

On which floor would you find:
ladies' trousers
men's trousers
ladies' knitwear
men's shirts
ladies' coats
casual wear
men's jeans
teenage clothing

1 You have been given a new outfit for your birthday. Write and tell Sonja about it.

2 Marcus and Julia are coming on an exchange visit to your school. Write and tell them what sort of clothes to bring for a visit at Easter.

3 You are going on a school youth hostelling trip and your German penfriend is coming with you. Translate the list of things you should take into German for her.

> wear - jeans shirt jersey anorak socks shoes
>
> one spare pair trousers or jeans
> shorts
> swimming things
> 2 spare tops
> underwear
> something in case it rains
> night wear
> spare trainers or comfortable shoes
> sponge bag / plasters in case you get blisters
> toothbrush etc.
> 2 towels (1 small)
> rucksack
> spare pullover
> 2 or 3 pairs spare socks

4 Whilst youth hostelling in Germany you have left your anorak in the youth hostel at Marburg. Write to the warden describing your anorak and saying where you think you left it. Ask him to forward it to you and say you will refund the postage.

1 Deine Kleidung?

Sonja interviewt ihre neuen Münchner Freunde.

a Wieviel Geld gibst du im Monat für Kleidung aus?
b Was für Kleidung kaufst du?

2 Was hast du heute an?

NAME	Klamotten	Schuhe	Socken	Schmuck
Daniele Stefan Anina Christopher				

3 Was haben sie verloren?

4 Wie heißen sie?

5 Wieviel kosten sie?

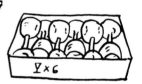

6 Wie soll ich dich erkennen?

NAME	Größe	Haar	Augen	Kleidung
Svenja Günter Gabi Hans Gerhard				

1   You should be able to:

talk about clothes, and describe clothes;
say what you are wearing and what you are going to wear;
ask about clothes in a shop, and enquire about sizes and prices;
ask to try clothes on;
say what is wrong with something;
talk about prices;
shop for a present, and ask for assistance in choosing something;
give opinions, say what you like and don't like;
describe and give an opinion on school uniform;
describe and try to retrieve lost property;
talk about school.

2   Finde jemanden, der . . .

Wer in eurer Klasse hat eine braune Lederjacke?
Schreib zehn Fragen auf und finde heraus . . .
z.B. Wer hat einen gestreiften Pyjama?
    Wer hat heute eine blaue Unterhose an?
    Wer hat einen neon-grünen Bikini?
    Wer hat Schuhgröße 42?

Im Modegeschäft

Was wünschen Sie?	You are looking for some black trousers.
Welche Größe?	. . .
Diese hier sind Größe . . .	Ask if you can try the trousers on.
Ja.	Ask where the changing room is.
Dort drüben.	Say they are too . . . and ask for a . . . pair.
Ich habe leider keine . . .	Ask if they have anything in dark blue.
In Baumwolle oder Wolle und Chemiefaser?	Ask if you can try both on.
Ja, natürlich.	You like the cotton ones and are going to take them. Find out where to pay.
Dort drüben, Kasse 25.	

Kapitel 17

Was möchtest du später werden?

Wahrscheinlich werdet ihr bald anfangen, an eure Zukunft zu denken, an das was ihr später mal werden möchtet. Es gibt unzählige Möglichkeiten.

Arzt/Ärztin
Autoschlosser
Bäcker
Bankangestellte
Bibliothekar/in
Choreograph/in
Designer/in
Drucker
Empfangsdame/Empfangsherr
Fotograf/in
Friseur/Friseuse
Geschäftsmann/Geschäftsfrau
Ingenieur/in
Innenarchitekt/in
Kellner/in
Klempner
Koch/Köchin
Landwirt/in
Lehrer/in
Modell
Pilot
Polizist/in
Programmierer/in
Sänger/in
Schauspieler/in
Skilehrer
Soldat
Sportler/in
Stuntman
Tanzer/Tänzerin
Verkäufer/in
Vertreter/in
Visagist

Wie heißen diese Berufe auf englisch?

ZUM JUX!

Meine Mutter arbeitet nicht. Sie ist Hausfrau.

Mein Vater ist Rechtsanwalt und meine
Mutter ist Arzthelferin. Tanja.

Mein Vater ist Bauarbeiter und meine Mutter
ist Kindererzieherin. Ulrike.

Mein Vater ist arbeitlos und meine Mutter ist
Hebamme. Uwe.

Mein Vater ist selbständiger
Heizungsingenieur. Meine Mutter ist
gestorben. Knut.

Mein Vater ist Busfahrer und meine
Stiefmutter ist Schulsekretärin. Silke.

- Was sind ihre Eltern von Beruf?
  What do their parents do?

- Was machen deine Eltern? Sind sie
  berufstätig?

Ein Bauer arbeitet auf dem Land.

Wo arbeiten sie?

N.B. Dativfall!

Wo arbeitet:

ein Lehrer	das Büro
eine Ärztin	die Polizeiwache
ein Autoschlosser	das Kaufhaus
eine Gärtnerin	der Friseursalon
ein Landwirt	das Theater
eine Verkäuferin	die Baustelle
ein Friseur	die Schule
eine Programmiererin	die Klinik
eine Geschäftsfrau	die Autowerkstatt
ein Elektriker	das Restaurant
ein Kellner	die Gärtnerei
eine Polizistin	die Firma
eine Schauspielerin	der Bauernhof

Ein Arzt arbeitet in einem Krankenhaus.

Kannst du dir noch fünf weitere Beispiele überlegen?

Wer macht das?

Es gibt mehrere Antworten …

Wer arbeitet mit den Händen?
Wer arbeitet am Schreibtisch?
Wer arbeitet zu Hause?
Wer arbeitet draußen, im Freien?
Wer macht Schichtarbeit?
Wer trägt einen Blaumann zur Arbeit?
Wer arbeitet mit Leuten?
Wer muß schick angezogen sein?
Wer darf lässige Klamotten tragen?
Wer muß an einer Universität studieren?
Wer muß an einer Fachhochschule studieren?
Wer muß geschickt und fingerfertig sein?
Wer muß mit anderen Menschen sprechen und umgehen können?

Das deutsche Schulsystem

Mit sechs Jahren beginnt das Schulleben. Man geht in die erste Klasse.
Mit sieben Jahren geht man in die zweite Klasse.
In welcher Klasse ist ein sechzehnjähriger, wenn er nicht sitzengeblieben ist?

ALTER	INSTITUTION			SCHULJAHR
21	Universität	Fachhochschule		16
20				15
19				14
18		Fachoberschule		13
17		Berufsschule		12
16				11
15				10
14				9
13		GESAMTSCHULE		8
12				7
11	Gymnasium	Realschule	Hauptschule	6
10				5
9				4
8	Grundschule			3
7	(1.–4. Schuljahr)			2
6				1

Zeugnisse

Für Tests, Klassenarbeiten und mündliche Leistungen bekommt
man Zeugnisnoten. «1» ist die beste und «6» die schlechteste
Note.

Wenn man in einem Hauptfach eine «5» bekommt (und diese «5»
nicht mit einer «2» in einem anderen Hauptfach ausgleichen
kann), muß man sitzenbleiben, d.h. man muß das Jahr
wiederholen.

1	sehr gut
2	gut
3	befriedigend
4	ausreichend
5	mangelhaft
6	ungenügend

Was für eine Schule besuchst du?
In welche Klasse gehst du?
Wie lange dauert eine Unterrichtsstunde?
Müßt ihr viele Klassenarbeiten schreiben?
Was für eine Abschlußprüfung machst du?

● Beschreib deine Schule.

Ist sie modern oder alt?   Wie sind die Sportanlagen?
Liegt sie im Stadtzentrum oder auf dem Land?   Was sind die Vor- und Nachteile deiner Schule?

Schulfächer

Wie heißen diese Fächer?
Welche sind naturwissenschaftliche Fächer?
Welche sind Fremdsprachen?

Was meinst du? Welche sind Hauptfächer und welche sind Wahlfächer?
Welche sind sozialkundliche Fächer und welche sind vielleicht Arbeitsgemeinschaften?

 ## Deine Fächer

Welche Fächer machst du?
Nimmst du auch an der Berufsorientierung
  teil?
Wie findest du die Fächer, die du machst?
Was ist dein Lieblingsfach?
Was findest du interessant?
Was findest du nützlich?
Was findest du langweilig?
Was hast du gern?

Memoryspiel

Was hatte Austen in seinem Etui?
Sieh dir das Bild zehn Sekunden an. Schließ
dann das Buch und schreib alle Gegenstände
auf, an die du dich noch errinnern kannst.

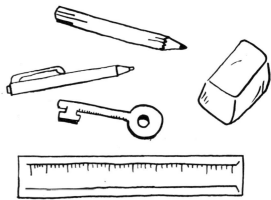

Austens Stundenplan

	MONTAG	DIENSTAG	MITTWOCH	DONNERSTAG	FREITAG
7.25 – 8.10	Deutsch	Geschichte	Mathe	Mathe	Französisch
8.15 – 9.00	Chemie	Mathe	Erdkunde	Englisch	Deutsch
9.05 – 9.50	Englisch	Sport	Französisch	Französisch	Englisch
10.10 – 10.55	Politik	Erdkunde	Religion	Religion	Biologie
11.00 – 11.45	Kunst	Englisch	Volleyball	Deutsch	Mathe
12.00 – 12.45	Kunst	Französisch	Volleyball	Physik	Deutsch
12.50 – 13.25	Stenographie				
13.30 – 14.15	Stenographie				

Um wieviel Uhr fängt die Schule an?
Um wieviel Uhr ist die Schule normalerweise aus?
Wie oft in der Woche hat Austen Mathe?
Wie oft hat er Sport?

Was hat er mittwochs?
Wann hat er Englisch?
Wie lange dauert eine Unterrichtsstunde?
Wie lange dauert die große Pause?

● Und bei dir? Kannst du die Fragen beantworten?

Welche Unterschiede gibt es zwischen der Schule in Deutschland und deiner Schule?

Wieviel Uhr ist es?

Wieviel Uhr ist es?

Heute ist Dienstag.
Was macht Austen um diese Zeiten?
Was machst du um diese Zeiten?

Berufswünsche

Hier ist die Top Twenty der häufigsten Ausbildungsberufe von Jugendlichen.

Top Twenty häufiger Ausbildungsberufe		**Top Twenty häufiger Ausbildungsberufe**	
Platz	Beruf	Platz	Beruf
1.	Friseur/Friseurin	1.	Kraftfahrzeugmechaniker/
2.	Bürokaufmann/Bürokauffrau		Kraftfahrzeugmechanikerin
3.	Verkäufer/Verkäuferin	2.	Elektroinstallateur/Elektroinstallateurin
4.	Fachverkäufer im Nahrungsmittelhandwerk/	3.	Maschinenschlosser/Machinenschlosserin
	Fachverkäuferin im Nahrungsmittelhandwerk	4.	Maler und Lackierer/Maler und Lackiererin
5.	Industriekaufmann/Industriekauffrau	5.	Tischler/Tischlerin
6.	Arzthelfer/Arzthelferin	6.	Kaufmann im Groß- und Außenhandel/
7.	Einzelhandelskaufmann/		Kauffrau im Groß- und Außenhandel
	Einzelhandelskauffrau	7.	Gas- und Wasserinstallateur/
8.	Zahnarzthelfer/Zahnarzthelferin		Gas- und Wasserinstallateurin
9.	Bankkaufmann/Bankkauffrau	8.	Bankkaufmann/Bankkauffrau
10.	Kaufmann im Groß- und Außenhandel/	9.	Industriekaufmann/Industriekauffrau
	Kauffrau im Groß- und Außenhandel	10.	Bäcker/Bäckerin
11.	Bürogehilfe/Bürogehilfin	11.	Schlosser/Schlosserin
12.	Fachgehilfe in wirtschafts- und steuerberatenden	12.	Koch/Köchin
	Berufen/Fachgehilfin in wirtschafts- und	13.	Einzelhandelskaufmann/
	steuerberatenden Berufen		Einzelhandelskauffrau
13.	Hotelfachmann/Hotelfachfrau	14.	Energieanlagenelektroniker/
14.	Hauswirtschafter/Hauswirtschafterin		Energieanlagenelektronikerin
15.	Verwaltungsfachangestellter/	15.	Werkzeugmacher/Werkzeugmacherin
	Verwaltungsfachangestellte	16.	Maurer
16.	Rechtsanwaltsgehilfe/Rechtsanwaltsgehilfin	17.	Fleischer
17.	Rechtsanwalts- und Notargehilfe/	18.	Zentralheizungs- und Lüftungsbauer/
	Rechtsanwalts- und Notargehilfin		Zentralheizungs- und Lüftungsbauerin
18.	Florist/Floristin	19.	Verkäufer/Verkäuferin
19.	Technischer Zeichner/Technische Zeichnerin	20.	Fernmeldehandwerker/Fernmeldehandwerkerin
20.	Apothekenhelfer/Apothekenhelferin		

Source: Statistisches Bundesamt 1989

Wie heißen diese Berufe auf englisch?
Wie findest du diese Berufe? Kennst du jemanden, der einen dieser Berufe schon macht?
Was würdest du gerne machen und was würdest du nicht so gerne machen?

Welche Liste wurde von Jungen aufgestellt und welche von Mädchen?
Woher weißt du das?

● Diskutiert in der Klasse darüber, was an den beiden Listen auffällt.

Was für Berufe bevorzugen die Mädchen?
Wie ist eure Meinung dazu?

Das Wichtige an dem Beruf?

Bei einer Umfrage wurden 100 Personen danach befragt,
welche Aspekte bei ihrer Berufswahl eine Rolle spielten.
Jeder Befragte durfte vier Eigenschaften aussuchen.
Die Umfrage ergab erfolgendes Bild:

Sicherer Arbeitsplatz	**76**
Guter Verdienst	**58**
Soziale Absicherung	**43**
Interessante Arbeit	**40**
Gute Kollegen	**38**
Körperlich leichte Arbeit	**32**
Kurzer Anfahrtsweg	**28**
Karriere	**23**
Selbständige Arbeit	**22**
Ansehen	**21**
Viel Freizeit	**19**

Was ist für *dich* am wichtigsten an einem Beruf? Mach eine
Umfrage bei dir in der Klasse, um herauszufinden, welche vier
Aspekte des Berufslebens deine Mitschüler für wichtig halten.

Die Berufsausbildung

Sonja will auf jeden Fall Schauspielerin
werden. Es hat ihr unheimlich viel Spaß
gemacht, *Lernexpress* zu moderieren, und sie
möchte noch viel mehr im Fernsehen und im
Theater auftreten. Aber zunächst einmal muß
sie vier Jahre zur Schauspielschule. Doch wie
sieht's bei anderen Leuten aus?

- What does Sonja want to do?
  How long is her training?

An dieser Berufschule werden die Schüler für
Berufe in der Gastronomie, also z.B. zum
Koch oder Kellner, ausgebildet. Die
Ausbildung dauert drei Jahre und
anschließend können sie in Hotels und
Restaurants arbeiten.

- What are these people learning?
  How long is their training?

Berufserwartungen

Welches Bild gehört zu welchem Text?

Im Freien arbeiten d.h. bei gutem und bei schlechtem Wetter. Im Freien bedeutet, auf dem Feld, auf der Baustelle, auf der Straße, im Garten oder im Wald usw.

Am Schreibtisch d.h. Tätigkeiten ausführen wie Rechnungen erstellen, Bestellungen schreiben, Briefe beantworten, in der Verwaltung arbeiten, an einem Computer oder einer Textverarbeitungsmaschine arbeiten usw.

Gestalterisch arbeiten d.h. du kannst Entwürfe und Zeichnungen anfertigen, Farben und Formen abstimmen, etwas schmücken oder formen. Du gestaltest entweder nach einer Vorlage oder nach eigenen Ideen. Malst du gern, töpferst du gern oder schneiderst du gern?

Mit Werkstoffen umgehen d.h. man muß mit Holz, Metall, Nahrungsmitteln, Textilien, Kunststoff usw. umgehen. Bearbeitest du gerne Material im Werkunterricht?

Mit Menschen zu tun haben d.h. einen Beruf ausüben, in dem du mit Menschen Kontakt aufnehmen, mit ihnen sprechen, mit ihnen verhandeln, sie beraten, ihnen etwas verkaufen und sie überzeugen mußt. Gefällt es dir andere Leute kennenzulernen. Führst du gerne Telefongespräche. Macht es dir Spaß, mit Leuten zu reden?

Im Labor arbeiten d.h. einen Beruf ausüben, bei dem es u.a. auf Genauigkeit ankommt. Es gibt biologische, chemische, physikalische, medizinische und andere Labors, z.B. Dental- und Fotolabors. Du führst Laboruntersuchungen durch und benutzt dabei auch Meß- und Prüfgeräte.

Auf technischem Gebiet arbeiten z.B. Maschinen, Anlagen und Geräte entwerfen, zusammenbauen, reparieren und bedienen. Macht es dir Spaß, im Fernsehen Sendungen über Technik anzusehen? Schaust du gern nach, wie etwas funktioniert?

Körperlich arbeiten d.h. einen Beruf ergreifen in dem du körperlich in Bewegung sein kannst. Bist du ein aktiver Mensch? Sitzt du nicht gerne an einem Schreibtisch? Strengst du dich körperlich gern an.

Handwerklich arbeiten d.h. einen Beruf ergreifen, in dem du Holz, Metall und andere Werkstoffe «mit den Händen» bearbeitest. Dabei benutzt man häufig Werkzeuge. Baust du selbst gerne Modelle zusammen? Bastelst du gern?

Anderen helfen d.h. sich für einen Beruf entscheiden, in dem du dich besonders für das Wohl anderer Menschen einsetzen kannst. Du hilfst ihnen bei gesundheitlichen, sozialen oder seelischen Problemen. Du könntest vielleicht andere pflegen, beraten, betreuen, erziehen oder unterrichten. Wie gern nimmst du Anteil an Problemen anderer Menschen?

- Welche Erwartungen erfüllen die folgenden Berufe?

Polizist(in)	Kellner(in)	Schauspieler(in)
Computerprogrammierer(in)	Soldat	Elektroniker(in)
Gärtner(in)	Graphiker(in)	Briefträger
Architekt(in)	Jurist(in)	Bankangestellte(r)
Skilehrer(in)	Visagist	Journalist(in)
Moderator(in)	Modell	Koch/Köchin

Und du?

Was für Berufserwartungen hast du? Kreuze sie an.

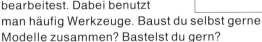

Ja! Das möchte ich sehr gerne.									
Ja! Das möchte ich gern.									
Das ist mir gleich.									
Nein! Das möchte ich weniger gern.									
Nein! Das mag ich nicht.									

Was weißt du jetzt über dich?   Für welchen Beruf bist du geeignet?
Was erwartest du von einem Beruf?

 EXTRA

Relativpronomen ...

Ich erhoffe mir einen Beruf, der/den ...
Ich suche eine Stelle/ eine Arbeit, die/worin ...
Ich möchte einen Job, wo ...

Make a rough oral translation of the questionnaire for a non-German-speaking colleague and help him or her to fill it in.
Choose two items and make a careful written translation of them into English.

Deine Fähigkeiten

Welche Fähigkeiten kannst du in deinem Beruf einsetzen?
Ordne die Bilder den Fähigkeiten zu.

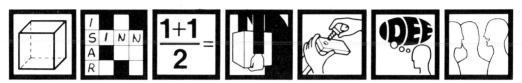

Räumliches Vorstellen.
Rechnerisches Denken.
Ideenreichtum.
Körperliche Belastbarkeit.

Sprachliches Denken.
Hand und Fingergeschick.
Kontaktsicherheit.

Es folgen einige Prüfungen, um deine Fähigkeiten zu bewerten.

Räumliches Vorstellen

Wo braucht man das?

Beim arbeiten mit Bauplänen und Zeichnungen, beim Hausbau, beim Einbau von Maschinenteilen und auch beim Schneidern.

Versuch einmal, die folgenden Aufgaben zu lösen.

z.B. Die Ansicht des Buchs wird durch zwei Viertelkreisdrehungen geändert. Welches Bild entspricht der neuen Position des Buches?

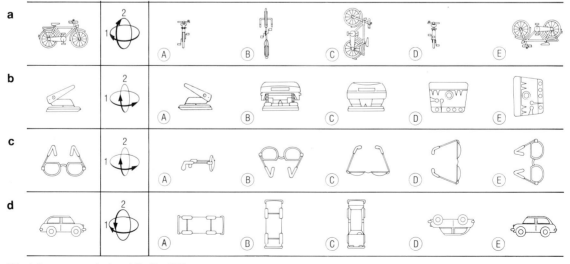

Die Lösungen sind auf Seite 153.

Sprachliches Denken

Wo braucht man das?

Wo man mit Kunden zu tun hat, oder beim Briefe schreiben, telefonieren, beraten, dolmetschen oder übersetzen.

1   Welches Wort paßt? Nur eine Lösung ist richtig.

z.B. (Baum:Wald)
↓
(Grashalm:?)

- ○ Kuh
- ✖ Wiese
- ○ grün
- ○ Waldrand
- ○ Stroh

a (Element:Menge)
↓
(?:Alphabet)

- ○ Wort
- ○ Ziffer
- ○ Zahl
- ○ Buchstabe
- ○ Reihenfolge

b (Lampe:Licht))
↓
(Ofen:?)

- ○ Kamin
- ○ Herd
- ○ Wärme
- ○ Ölheizung
- ○ Lufttrockenheit

c (Silber:Metall)
↓
(Auto:?)

- ○ Reifen
- ○ Benzin
- ○ Karosserie
- ○ Fahrzeug
- ○ Werkstatt

d (Tresor:Bank)
↓
(Safe:?)

- ○ Haltestelle
- ○ Hotelgast
- ○ Hausdame
- ○ Hoteldieb
- ○ Hotel

e (Architekt:Bauplan)
↓
(Schüler:?)

- ○ Bleistift
- ○ Schulmappe
- ○ Lehrer
- ○ Klassenarbeit
- ○ Stundenplan

f (Fußballspiel:Foul)
↓
(Recht:?)

- ○ Richter
- ○ Delikt
- ○ Verurteilung
- ○ Haft
- ○ Strafe

2   Welcher Begriff paßt nicht?

a	joggen ○	wandern ○	knien ○	rennen ○	hüpfen ○
b	Schneeflocke ○	Bergkristall ○	Zucker ○	Salz ○	Wasser ○
c	Radio ○	Kassettenrecorder ○	Kopfhörer ○	Tonstudio ○	Fernsehgerät ○
d	Kuchen ○	Bier ○	Wurst ○	Apfel ○	Limonade ○
e	Waschmaschine ○	Schreibmaschine ○	Dampfmaschine ○	Nähmaschine ○	Rechenmaschine ○
f	Dreieck ○	Würfel ○	Kreis ○	Rechteck ○	Ellipse ○

Die Lösungen sind auf Seite 153.

Rechnerisches Denken

Wo braucht man das?

Wenn man z.B. in einer Bank oder mit Geld und Rechnungen arbeiten will, beim Kassieren, beim Errechnen von Flächen- und Raummaßen, und zur Bestimmung von Materialkosten usw.

Welche Zahlen fehlen?

a	☐	☐	9	12	15	18	21	**c**	☐	☐	6	9	13	18	24
b	☐	☐	55	46	37	28	19	**d**	☐	☐	6	7	14	15	30

Die Lösungen sind auf Seite 153.

Hand und Fingergeschick

Wo braucht man das?

In Berufen, wo man z.B. zeichnet, malt, töpfert, feilt, näht, zuschneidet oder repariert.

Leg ein dünnes Blatt Papier über die beiden Diagramme und versuche, den vorgezeichneten Weg mit einem gespitzten Bleistift nachzufahren.

a Du solltest so schnell wie möglich zeichnen und den Bleistift nicht absetzen.

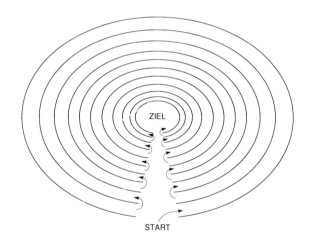

b Du solltest so schnell wie möglich zielen. Mach jeweils einen Punkt in der richtigen Reihenfolge. Fange also bei Kreis 4 an – bis Kreis 23.

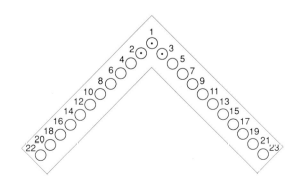

Und was noch?

Welche anderen Fähigkeiten kann man in der Berufswelt noch einsetzen?
Ideenreichtum – Wo braucht man das?
Kontaktsicherheit – Wo braucht man das?
Körperliche Belastbarkeit.

Michael

Zu seinen Erwartungen hat Michael geantwortet:

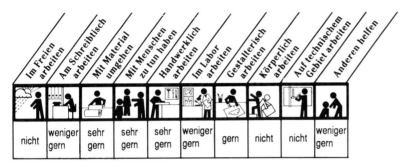

Zu seinen Fähigkeiten hat er geantwortet:

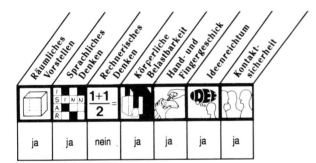

Welche Berufe passen zu seinen Erwartungen und Fähigkeiten?

Landwirt	Friseur	Architekt	Elektroniker
Büroangestellter	Journalist	Arzt	Taxifahrer

Was erwarten sie von einem Beruf?

Was für Berufserwartungen haben Florian und Angelika?

Hast du sonst noch Wünsche?
Hast du schon einen Berufswunsch?
Welchen Schulabschluß brauchst du für diese Ausbildung? Mußt du das Abitur machen?
Gehst du in die Oberstufe?
Gehst du lieber auf eine Berufschule?
Machst du eine Lehre?
Suchst du dir einen Ausbildungsplatz?

Bewerbungsbrief

Moreton, den 25. März

Hotel Graef
München 4
Messestraße 15

Sehr geehrte Damen und Herren,

hiermit bewerbe ich mich bei Ihnen um einen Ferienjob als Zimmermädchen,
Kellnerin, oder Empfangsdame.

Zur Zeit besuche ich die . . . in . . . Ich werde meine Schulausbildung im Juni 19
. . . mit der mittleren Reife (GCSE) abschließen.
Ich habe Prüfungen in . . . bestanden.

Ich habe schon . . . in . . . als . . . gearbeitet.
Ich spreche Deutsch schon seit . . . Jahren.

Ich könnte in der Zeit von . . . bis . . . bei Ihnen arbeiten.

Hochachtungsvoll

Peterborough, 16. April

Sehr geehrte Frau Braun!
    Ich bin 16 Jahre alt und gehe auf . . . Schule in . . . Ich mache Prüfungen
in . . . (der Mittleren Reife gleichwertig). Ich lerne Deutsch seit . . . Jahren
und suche eine Stelle als au-pair Mädchen / Junge in Deutschland, um
mein Deutsch zu verbessern.
    Ich habe zwei jüngere Geschwister und komme gut mit Kindern aus. Ich
bin gewöhnt mit kleinen Kindern umzugehen. Ich habe schon als
Babysitter gearbeitet und habe auch regelmäßig einmal in der Woche
in einem Kindergarten geholfen / mein Schulpraktikum in einem
Kindergarten gemacht.
    Ich könnte in der Zeit von . . . bis . . . bei Ihnen arbeiten.
                Mit freundlichen Grüßen

● Du suchst eine Arbeit
während deiner
Sommerferien. Diese
Anzeige entspricht genau
deine Vorstellungen.
Schreib einen
Bewerbungsbrief.

Privathotel in wunderschöner Lage in den Bayerischen Bergen und Nähe
Walchensee sucht Zimmermädchen/Kellner/Hotelpersonal.
Elementare Deutschkenntnisse erforderlich.
Das Hotel verfügt über 100 Zimmer mit Bad oder Dusche, Tennis- und
Sportanlagen, Kegelbahn, Minigolf, geheiztes Schwimmbad, Sauna und
Jacuzzi.

Ihre schriftliche Bewerbung richten Sie bitte an:
Herrn Ludwig Schwarz
Hotel Belle Vue
8153 Oberstdorf
Germany

Der Lebenslauf

Name:	Reinhard Hartl
Geburtsdatum:	4. Juni 1976
Geburtsort:	Passau
Vater:	Joseph Hartl Landwirt
Mutter:	Caroline Hartl, geborene Mayer Industriekauffrau
Geschwister:	zwei jüngere Schwester, ein jüngerer Bruder
Schulbildung:	1981–1991 Grundschule in Waldkirchen und Realschule in Passau
Schulabschluß:	voraussichtlich Realschulabschluß
Beste Fächer:	Musik, Mathematik, Deutsch
Hobbys:	Skifahren, Gitarre spielen
Anschrift:	Neidlingerberg 1, Waldkirchen
Telefon:	0858 12596

- Was weißt du über Reinhard?

- Schreib einen eigenen Lebenslauf. Verwende, wenn möglich, einen Computer mit einem Textverarbeitungsprogramm und schreib die Lebensläufe für deine ganze Familie.

Lösungen

Räumliches Vorstellen a B; **b** D; **c** D; **e** C.
Sprachliches Denken 1 a Buchstabe; **b** Wärme; **c** Fahrzeug: **d** Hotel; **e** Klassenarbeit; **f** Delikt.
       2 a knien; **b** Zucker; **c** Tonstudio; **d** Apfel; **e** Dampfmaschine; **f** Würfel.
Rechnerisches Denken a 3, 6; **b** 73, 64; **c** 3, 4; **d** 2, 3.

1 Mein Schultag

Mein Schultag

Ich muß am Dienstag Morgen um 6 30 Uhr aufstehen. Um 7 30 Uhr gehe ich dann zur Schule. Der Unterricht beginnt dann um 7 45 Uhr. In den ersten zwei Unterrichts-stunden habe ich Deutsch. Die Stunden sind um 9 00 Uhr zu Ende. Nun habe ich 20 Minuten Pause. Hiernach habe ich zwei Stunden Religion bis 11 15 Uhr. Jetzt ist wieder Pause, 20 Minuten lang. Die letzten Stunden die ich jetzt noch habe sind Englisch und Kunst. Um 13 10 Uhr habe ich dann Schulschluß.

a What does Rina do at 6.30?
b What does she do at 7.30?
c What happens at 7.45?
d What is her first lesson?
e What happens at 9.20?
f When does the next lesson start?
g How long are the breaks?
h What are her next two subjects?
i What happens at 13.10?

2 Unterrichtsthemen

Compare the curriculum for a German student in year 10 with your own curriculum.
Do you do the same subjects?
Is the maths syllabus similar to yours?

Deutsch	Englisch	Mathematik
1. Halbjahr – Erörterung – Lektüre – Lyrik III – Ausgewählte Kapitel der Rechtschreibung und Zeichensetzung *2. Halbjahr* – Lektüre – Kurzgeschichten – Ausgewählte Kapitel der Rechtschreibung und Zeichensetzung	– Lesen der Fortsetzungsgeschichte – Warum ich (nicht) rauche – das Passiv – die Indirekte Rede – Steigerung von Adverbien – Zukunft mit «going to do» – Aufforderungen u. Anbieten	– Quadratische Gleichungen – Quadratische Funktionen – Darstellung und Berechnung geometrischer Körper – Trigonometrie – Potenzen und Wurzeln (A- und B-Kurs) – Potenz- und Wurzelfunktion – Exponential- und Logarithmusfunktion (nur A-Kurs) – Wiederholung Sachrechnen (nur B-Kurs)

Gesellschaftslehre	Religion	NTW
Weimarer Republik Nationalsozialismus Geschichte der Bundesrepublik Deutschland	– Auf der Suche nach einer besseren Welt – Weltreligionen II: Judentum – Tod als Element des Lebens – Weltreligionen III: Hinduismus u. Buddhismus – Christen und der Nord-Süd-Konflikt	*Biologie:* Genetik Nervensystem und Hormone Evolution beim Menschen *Chemie:* Bindungslehre Organik *Physik:* Energie Mechanik III: Einfache Bewegungen

Kunst	Musik	Sport
Wandschmuck/Poster Stadtbild im Foto Schulzeit – Not der Frühen Jahre	1. *Musikgeschichte II* Original und Bearbeitung 2. *Aktuelles Musikleben* Musikleben in München	Zwei Stunden in Neigungsgruppen – Sportarten nach Wahl

1 Campingplatz Bankenhof

You want to apply for a holiday job on this campsite.
Write a letter of application.

Campingplatz Bankenhof

A. u. G. Tischler

7820 TITISEE (Hochschwarzwald)

LEGENDE

 GASTSTÄTTE

 ÖFFENTL. TELEPHONZELLE

 VERSORGUNG – ENTSORGUNG WOHNMOBILE

WASSERZAPFSTELLE

SANITÄR

MÜLLCONTAINER

  FEUERLÖSCHER

 STROMVERTEILER ZÄHLER

 STROMVERTEILER PAUSCHAL

2 Einen Tag in der Schule

Describe a normal (English) school day for a German school magazine.

3 Vorteile und Nachteile

Choose two (or more) of the careers mentioned in this chapter and make a list of their advantages and disadvantages.

4 Die deutsche Meisterschule für Mode

After spending the day at the design school you went along to the fashion show. The editor of your school magazine has briefed you to write an article, in German, for a special issue on careers.

1 Und nach der Schule?

Welchen Beruf wollen sie nach der Schule ergreifen?

a	lawyer	lawyer
b		fashion designer
c		classical singer
d		business man
e		no idea
f		engineer
		writer

2 Die Zahnarzthelferinnen

Wie beantworten sie die Fragen?

	BETTINA	GABI
How long is the training?		
Do you like it?		
What don't you like?		
Will it be easy to find a job?		
How much will they earn?		

3 Tinas Stundenplan

Kannst du den Stundenplan in Deutsch und in Englisch ausfüllen?

	MONTAG	DIENSTAG	MITTWOCH	DONNERSTAG	FREITAG
$7^{15}- 8^{00}$					
$8^{05}- 8^{50}$					
$9^{00}- 9^{45}$					
$9^{45}-10^{30}$					
$10^{35}-11^{20}$					
$11^{35}-12^{20}$					
$12^{25}-13^{10}$					
$13^{10}-13^{55}$					

4 Welchen Beruf?

Was sind ihre Schwächen und ihre Stärken? Hör diesen Studenten zu und such einen passenden Beruf für sie aus.

Lehrer	Innenarchitekt	Choreograph
Musiker	Sportler	Fotograf
Arzt	Verkäufer	Ingenieur
Pilot	Bibliothekar	Autoschlosser

5 Was sind sie von Beruf?

Ordne die Bilder den Geräusche zu. Was sind sie von Beruf?

a   b   c

d

e   f

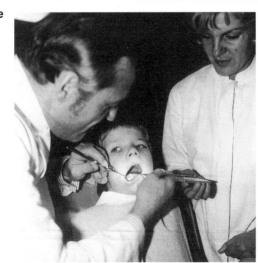

1 You should be able to:

talk about your own school, school timetable, and school subjects;
say what you like and dislike about school;
say what you do, and give an opinion;
talk about future careers;
read and follow instructions;
summarise information;
write a letter of application;
use IT to write a correctly presented cv;
talk about qualifications and training courses.

2 Ein Interview

Was ist dein Berufswunsch?
Was möchtest du später werden?
Was für eine Ausbildung brauchst du
dafür?
Was gefällt dir an diesem Beruf?

Was interessiert dich daran?
Was stört dich?
Wie lange dauert die Ausbildung?
Welchen Schulabschluß brauchst du dafür?

Hast du einen Job, den du nach der Schule/am Wochenende/in der Freizeit ausübst?
Wie viele Stunden arbeitest du?
Wieviel Geld bekommst du?
Was machst du mit dem Geld, sparst du es, oder wofür gibst du das Geld aus?

Einen Ferienjob

Du meldest dich für einen Ferienjob.

Wie heißt du?
Wie schreibst du das?
Wann bist du geboren?
Und wie heißt der Geburtsort?
Nationalität?
Adresse?
Wie schreibst du das?
Postleitzahl?
Telefonnummer?
Schule?
Was für eine Schule ist das?
Schulabschluß?
Maschinenschreiben?

Hast du schon mit Computern gearbeitet?
Welche Programme kennst du?
Hast du besondere Fähigkeiten?
Arbeitest du gern mit Leuten?
Bist du geschickt und fingerfertig?
Wann kannst du anfangen?
Bis wann kannst du arbeiten?

Kapitel 18

Funk, Film und Fernsehen

Grüß Gott lieber Zuschauer! Diese Sendung kommt aus den Studios des Bayerischen Fernsehens, und es geht um Film und Fernsehen. Wir lernen Leute kennen, die in diesem Bereich arbeiten. Vielleicht wollen ja auch einige von Euch später zum Fernsehen oder zum Film.

Wieviel Fernsehen siehst du am Tag an?

Eine Umfrage in einer deutschen Klasse
(23 Schüler) ergab diese Ergebnisse:

Mach eine Umfrage in deiner Klasse und
vergleich die Ergebnisse mit den
Ergebnissen der deutschen Klasse.
Wie viele Stunden siehst du normalerweise
abends fern?
Guckt ihr durchschnittlich mehr oder weniger
als die deutschen Schüler?

$\frac{1}{2}$–1 Stunde	8
1–2 Stunden	9
2–3 Stunden	3
3–4 Stunden	1
Mehr als 4 Stunden	2

Welche Sendung gehört zu welchem Bild?

die Sportsendung
die Hitparade

die Serie
der Wetterbericht

der Zeichentrickfilm
die Nachrichten

a
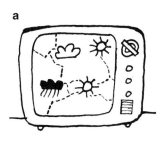

b

c
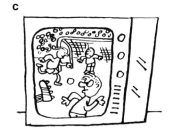

d

e

f

Was sind deine Lieblingssendungen?

Sonja schaut sich am liebsten Krimis und Spielfilme an.

Ordne die Sendungen aus dem Fernsehprogramm nach folgenden Titeln:

Nachrichten	Wetter	Krimi	Hitparade
Sport	Wirtschaft	Spielfilm	Unterhaltung
Kultur	Serie	Zeichentrickfilm	Kindersendung

Wirtschafts-Telegramm

Tagesschau

Sesamstraße
Lernspaß für Kinder im Vorschulalter

Fury
Serie über die Abenteuer eines Pferdes: Fury will siegen

Hey Dad!
76-teilige heitere Familien-Serie, Australien
52. Teil: Sein Freund, der Baum

Villa Fantastica II
Ein Streifzug durch 70 Jahre Entertainment

Das Recht zu lieben
160-teilige Familien-Serie, Brasilien
98. Teil

Die Trickfilmschau
Heitere Episoden (ab 7 J.)

Tour de France
12. Etappe: Grenoble – Villard de Lans. Einzel-Zeitfahren. Reporter; Jürgen Emig und Herbert Watterott. Ausschnitte vom selben Tag

Die Sendung mit der Maus
Lach- und Sachgeschichten für Fernsehanfänger (Wdh. vom Sonntag)

Der kleine Vampir
13-teilige Kinderserie

Musik für uns – Musik für Euch
Schulorchester stellen sich vor. Das Jugendblasorchester, Langenhagen. Leitung: Ernst Müller

Tagesschau/Wetter

Sport 3 Magazin
Cartoon: Rudolph Ising

Barney Bär im Goldrausch
Zeichentrickfilm, USA 1941

Charlie Chan und der Fluch der Drachenkönigin
Spielfilm, USA 1981

Laß das, ich haß das
Spielfilm, Deutschland 1983

RTL Aktuell

Nur das Meer ist ihr Zeuge
Spielfilm, USA 1987

Die Todeskralle des gelben Teufels
Kung-Fu-Film, Hongkong 1979
▶85 Min.

RTL plus-Aerobics

Es ist doch unsere Zukunft
Kinder haben Angst vor einer Umweltkatastrophe

V – Die außerirdischen Besucher kommen

Der Sechs-Millionen-Dollar-Mann
Action-Serie, USA
22. Teil: Unerschütterlich

- Was für Sendungen seht ihr am liebsten?

  Mach eine Umfrage in deiner Klasse, um herauszufinden, welche Sendungen am populärsten sind.

Fernsehprogramme

1. PROGRAMM | **2. PROGRAMM ZDF**

1. PROGRAMM

15.30 Freu dich der Dinge ...
Ein Konzert der Fischer-
Chöre in der Stuttgarter
Liederhalle (Wdh.)

**16.35 Bilder aus der
Wissenschaft** (WDR)
Der Sonne eine Chance
Von und mit Jean Pütz

17.10 Erstens (BR)

17.55 Tagesschau (NDR)

18.00 Sportschau-Telegramm

18.15 Sportschau (WDR)
Tennis: Int. Meisterschaften von
England. Endspiel Damen-
Einzel. Reporter: Volker
Kottkamp. Ausschnitte vom
selben Tag aus Wimbledon
Siehe auch RTL, Seite 39

19.58 Heute im Ersten (SFB)

20.00 Tagesschau / Wetter ⊘

20.15 So ein Schlawiner (SDR)
Von Pierre Chesnot
Regie: Wolfgang Spier
Lesen Sie bitte auch die Seite 28

**22.00 Ziehung der
Lottozahlen** (HR) ●●
27. Ausspielung im Lottoblock

Lotto						
Spiel 77						

22.05 Tagesschau (NDR)

22.15 Das Wort zum Sonntag ⊘
Pfarrer Georg Kugler, Lindau

**22.20 Der Mörder
mit dem Rosenkranz**
„The Rosary Murders"
Spielfilm, USA 1987
Regie: Fred Walton
Lesen Sie auch die Seiten 28/29

2. PROGRAMM

15.00 Sport 3 extra
Redsport: Tour de France
Einzelzeitfahren Vittel – Epinal
Motorrad: Großer Preis von
Belgien. WM-Läufe 125 und 250
ccm in Spa-Franchorchamps

17.00 Profile
Gast: Dr. Henning Voscherau,
Erster Bürgermeister der
Freien und Hansestadt
Hamburg. Gastgeber: Jürgen
Kellermeier (Wdh. v. Mi.)

17.45 Rückblende
Vor 200 Jahren: Retourkutsche
Die Quadriga auf dem
Brandenburger Tor

18.00 Sesamstraße

**18.30 „Papi, was machst du
eigentlich den ganzen Tag?"**
Frank und Daniela (Wdh.)

18.45 Lindenstraße
Familien-Serie. 239. Teil:
Wiedergeburt
(Wdh. vom Sonntag / ARD)

19.15 N3 international
**„Adiós, Buenos
Aires, ciao!"**
Flucht aus dem geliebten Land
Film von Ciril Vider

20.00 Tagesschau / Wetter ⊘

**20.15 Johann Sebastian Bach:
Das musikalische Opfer**
Mit Aurèle Nicolet (Flöte), Josef
Suk und Florian Sonnleitner
(Violine), Hirofumi Fukai (Viola)
David Geringas (Violoncello),
Jörg Linowitzki (Kontrabaß)
Edgar Krapp (Cembalo)
Einführung, Gesprächsleitung
und Regie: Klaus Lindemann
(Wdh. v. 1983 / ARD)

**21.50 Der Film-Club
Die Zeit, die bleibt**
Dokumentation von Wolfgang
Kohlhaase, Lew Hohmann und
Christiane Regine Sylvester
(Wdh. v. 1987)

You like watching sport. What is there for you?
Your older sister likes soaps. When is there something for her?
What is there for your younger sister who likes children's programmes and cartoons?
Your father likes the news. When is it on? What else does he watch?
Your mother likes nature programmes and thrillers. What is there for her?
Your brother likes science fiction and old films. Is there anything for him?
Your friend never misses *Top of the Pops*. Is it on tonight?

What programmes would you watch?
What sorts of programmes are they?

Im Fernsehen

Was hast du schon gesehen und was willst du dir noch ansehen?

VERGANGENHEIT	ZUKUNFT
Ich habe . . . gesehen.	Ich werde . . . noch sehen.

Heute Abend hast du vor,
den ganzen Abend vor dem
Fernseher zu sitzen.

- Es ist sieben Uhr abends.
  Was hast du schon gesehen?
  Was willst du noch ansehen?

- Es ist zehn Uhr abends.
  Was hast du schon gesehen?
  Was willst du dir noch ansehen?

- Was für Sendungen sind es?

16.30 Bildungsprogramm
Geschichten über Mathematik (8)
Archimedes (1) **17.00** Sozialkunde
(8) Gesellschaftlicher Wandel **17.30**
Physikalische Technologie (8) Digitalrechner

18.00 Sesamstraße
Ein Wiedersehen mit
Bibo und Oskar (8)

18.30 Unternehmen Arche Noah
Naturfilm von Georg von
Rönn (Wdh. von 1987 / ARD)

19.00 Achtung, Klappe!
Kinder als Reporter
Freizeitpark „Phantasialand"
Film von Doris Netenjakob
(Wdh. von 1986 / ARD)

Fünf Schüler stellen den Kölner
Freizeitpark „Phantasialand"
vor. Dort gibt es Bob- und
Wildwasserbahn, eine Westernstadt und Chinatown, die
„Todesspringer von Acapulco", eine Delphin-Show und
große Musik-Shows elektronisch gesteuerter Puppen. Außer den Attraktionen galt die
Aufmerksamkeit der jungen
Reporter vor allem dem Arbeitsalltag der Artisten und
Techniker.

19.30 Vor vierzig Jahren ◖
Neue Deutsche Wochenschau
Nr. 24 vom 11. 7. 1950:
Krieg in Korea; Flugveranstaltung in Farnborough; Ruhrfestspiele in Recklinghausen
Welt im Film Nr. 267
vom 12. 7. 1950

Neues aus Berlin: Kraftwerk
gegen sowjetische Stromsperre; Wasserblockade in Neukölln; Kaufhaus des Westens
eröffnet

20.00 Tagesschau / Wetter ▢

20.15 Bücherjournal
Moderation: Dieter Zilligen

21.00 Der Film-Club
**Die Letzten der
„Blue Devils"**
„The Last Of The ‚Blue Devils'"
Dokumentarfilm, USA 1979
Regie: Bruce Ricker
(Originalfassung mit
deutschem Kommentar)

Das Abendprogramm

Heute bist du der Programmplaner. Stell das
Abendprogramm für die Zeit zwischen 16.00
Uhr und 24.00 Uhr zusammen. Du mußt
möglichst viele Leute zufrieden stellen.
Welche Sendungen suchst du aus?
Wann werden sie gesendet?

Ein Interview

Ich bin Moderatorin.
Keine bestimmte. Man muß gut reden und mit
Menschen umgehen können.
Man muß selbstbewußt und humorvoll sein.
Zwischen 3 000 und 4 000 DM im Monat.

- Wie hießen die Fragen?

Charaktereigenschaften

Welche Eigenschaften sind günstig und welche ungünstig?
Kannst du einige Gegensatz-Paare bilden?
Wie heißen diese Wörter auf englisch?

faul	selbstbewußt	wechselhaft	freundlich
nervös	entschlossen	fleißig	angeberisch
ordentlich	unternehmungslustig	unordentlich	gleichgültig
schweigsam	großzügig	hilfsbereit	tapfer
gemein	impulsiv	ruhig	feige
laut	offenherzig	klug	froh
dumm	humorvoll	neugierig	traurig
überempfindlich	ernst	unruhig	lebhaft
vernünftig	pessimistisch	eigensinnig	vorsichtig
vielseitig	anspruchsvoll	geduldig	sportlich
phantasievoll	ausgeglichen	gutmütig	naiv

● Wie würdest du dich und deine Freunde charakterisieren?
 Schreib zwei Listen und vergleicht eure Listen gegenseitig.

Was meinst du?

Was für Charaktereigenschaften braucht man für diese Berufe?

Wie würdest du sie charakterisieren?

Eine Fahndung

Wer wird hier gesucht?

Und zum Schluß bittet die Kriminalpolizei um Ihre Hilfe. Gefahndet wird seit gestern abend nach diesem Mann. Er steht in dringendem Verdacht des bewaffneten Raubüberfalls auf die Sparkasse in der Leopoldstraße in München Schwabing.

Er ist etwa 30 Jahre alt und 1,75 m groß. Er hat braune Augen und lange, dunkelbraune Haare. Er trug ein Paar verwaschene Jeans, ein schwarzes Sweatshirt und weiße Trainingsschuhe. Bei der Tat hatte er eine gelbe Spar-Plastiktüte bei sich.

Sachdienliche Hinweise nimmt die Kripo Schwabing entgegen, wie auch jede andere Polizeidienststelle.

Describe the person who is being sought.
What crime has he committed?
What should you do if you know anything about him?

Gesucht!

Diese Leute werden gesucht. Kannst du sie beschreiben?

Er	ist . . .
Sie	hat . . .
	trägt/trug . . .

| Sein/e | Augen | sind . . . |
| Ihr/e | Hemd | ist . . . |

 Wer wird gesucht?

Wie findest du die deutschen Fernsehprogramme?

In Deutschland gibt es eine riesige Auswahl an Fernsehprogrammen. In ihrem Hotelzimmer hat Sonja 22 Kanäle . . .

Ich bin eigentlich ganz zufrieden mit dem Programm hier in Deutschland. Es könnte mehr Filme geben. Vom Satellitenfernsehen bin ich aber etwas enttäuscht.

Ich schaue eigentlich wenig fern. Es gibt zu viel Quatsch und Wiederholungen. Es müßte mehr Musiksendungen und Live Shows geben. Ich gucke gern *Tatort* (Krimi) und Musiksendungen an.

Ich sehe auch gern Spielfilme aber es gibt so viele Wieder-holungen. Ich sehe nicht gern Filme mit Untertiteln aber glücklicherweise sind sie meistens synchronisiert. Serien wie *Schwarzwaldklinik* und *Dallas* kann ich nicht leiden, aber meine Oma schwärmt davon.

Beim Fernsehen will ich vor allem Entspannung. Wenn ich nach Hause komme, habe ich keine Lust mehr, Schularbeiten zu machen. Zuerst will ich mich vor den Fernseher hocken und etwas ganz harmloses angucken, so daß ich nicht mehr denken brauche. Ich finde meistens etwas, das mich interessiert. Ich sehe mir nicht gern *Denver Clan*, *Dallas*, *Schwarzwaldklinik*, *Der Große Preis*, *Derrick*, *Der Alte* (Krimi) und *Lindenstraße* (Familienserie) an.

- Give a summary of what each one says about television.

Wie ist deine Meinung?

Meinst du, daß fernsehen eine Zeitverschwendung ist, oder guckst du gern Fernsehen?

Sucht jemanden, der . . .

Bilde Fragen um folgendes herauszufinden:

Wer sieht gern *Dallas*?
Wer sieht überhaupt kein Fernsehen?
Wer sieht meistens nur Sport an?

Wer sieht am liebsten Zeichentrickfilme?
Wer kann Sportsendungen nicht leiden?
Wer sieht gern *Neighbours*?

Wann?

	GESTERN	HEUTE	MORGEN
VORMITTAGS NACHMITTAGS ABENDS	gestern vormittag gestern nachmittag gestern abend	heute vormittag heute nachmittag heute abend	morgen vormittag morgen nachmittag morgen abend

vorgestern	*the day before yesterday*
übermorgen	*the day after tomorrow*

MONTAG 10. JUNI
Tagesausflug nach Garmisch.
Zugspitze Auffahrt bei schönem
Wetter. *Zeit* 8.00–18.30

DIENSTAG 11. JUNI
Geiselgasteig – Besuch beim
Bayerischen
Filmstudio mit Stunt Show.
Zeit 9.00–14.00
Nachmittag zur freien Verfügung.
Abend: Disco im Schulzentrum
(Freizeitbereich).
Zeit 19.30–23.00

MITTWOCH 12. JUNI
Vormittag: Viktualienmarkt.
Nachmittag: Stadtbesichtigung
mit Führung. Treffpunkt Karlstor
14.00.
Schluß: 16.30 Englischer Garten.
Abend zur freien Verfügung.

DONNERSTAG 13. JUNI
Tagesausflug nach Schloß
Neuschwanstein. *Zeit* 8.00–18.30

FREITAG 14. JUNI
Olympiapark. Schwimmzeug und
Picknick mitbringen.
Zeit 10.00–16.00

SAMSTAG 15. JUNI
Vormittags: Stadtbummel.
Nachmittags: Windsurfen am
Starnberger See.

● Heute ist Mittwoch, der 12. Juni.

Was hast du gestern vormittag gemacht?
Was hast du gestern abend gemacht?
Wo seid ihr vorgestern vormittag
hingefahren?
Wann seid ihr zurückgekommen?

Was machst du morgen vormittag?
Was machst du morgen abend?
Wohin fährst du übermorgen vormittag?
Wann kommt ihr zurück?

● Heute ist Samstag, der 15. Juni. Was hast du jetzt alles gemacht?
  Heute ist Sonntag, der 10. Juni. Was wirst du alles machen?

Die Wettervorhersage

Die Wettervorhersage bis heute Abend.
Zunächst ist es noch sonnig. Temperaturen
zwischen 19 und 23 Grad. Im Laufe des Tages
bewölkt es sich, am Abend gibt es Schauer
und Gewitter. Die Aussichten bis zum Montag
... Morgen unfreundlich und kühl und dann
Montag freundlicher und wieder wärmer.

What is the Radio Xanadu weather forecast for
today, tomorrow and Monday?

25. Februar

Wie ist das Wetter in Nord-Europa?
Wo würdest du die Ferien am
liebsten verbringen?
Wo braucht man heute einen
Regenschirm?
Skiurlaub? Wo gibt es Schnee?
Griechenland – Wo ist es
wärmer? An der Küste oder
Inland?
Du fährst nach Madeira. Was
packst du alles ein?
Wo kann man draußen
schwimmen gehen?
Was trägt man heute in
England?
Südfrankreich – Grillfete auf
der Terrasse. Geht das?

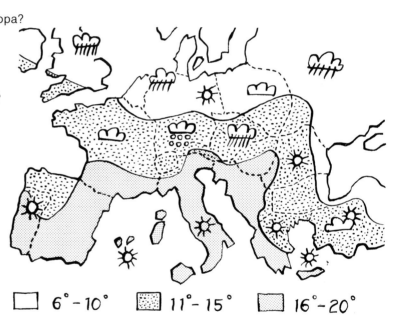

$6° - 10°$ $11° - 15°$ $16° - 20°$

Kühl und bewölkt in München

München (SZ) – Die Kaltfront eines Tiefs
bei Schottland überquert Deutschland bis
zu den Alpen. Vorhersage: Wechselnd bis
stark bewölkt und in Alpennähe zeitweise
Regen oder Schauer. Tagestemperaturen
von 12 bis 17, nachts um 6 Grad.

Was machst du heute?

eine Stadtrundfahrt
einen Besuch im Olympiapark
einen Einkaufsbummel
ins Kino gehen
eine Radtour im Fünfseenland
Eis essen in der Eisdiele

 ## Wie ist das Wetter heute?

Wie ist das Wetter heute? Und morgen?

Radiofunk

Film und Fernsehen sind natürlich enorm populär, doch auch das Radio spielt eine wichtige Rolle. Hier in München gibt es viele verschiedene Radiosender – Radio Xanadu z.B. – das richtig zum Straßenleben dazugehört.

Susannes Zuhörerkreis ist relativ klein, wenn man es mit dem Fernsehpublikum vergleicht.

Ein Interview mit Susanne

Radio Xanadu ist eine private Rundfunkstation in München.

Wir haben ungefähr 300 000 Zuhörer pro Tag. Unsere Zielgruppe? Wir senden hauptsächlich für die 25-bis 35-jährigen und zwar ein relativ anspruchsvolles Programm.

Ich moderiere hauptsächlich Informations- und Unterhaltungssendungen.

In München gibt es fünf private und einen öffentlich rechtlichen Radiosender mit vier Programmen.

Wenn ich Radio höre, höre ich Radio Xanadu, ansonsten lege ich eine Platte auf.

anspruchsvoll	*demanding*

- Wie hießen die Fragen?

Was für eine Rundfunkstation ist Radio Xanadu?	*What sort of radio station is Radio Xanadu?*
Wer ist die Zielgruppe?	*Who is it aimed at?*
Wie viele Zuhörer hat sie ungefähr?	*How many listeners does it have?*
Was für Sendungen bietet sie an?	*What sort of programmes does it have?*
Gibt es noch andere Radiofunkstationen in München?	*What other radio stations are there in Munich?*

JETZT BIST DU DRAN

Your class is in charge of Radio Xanadu for the day.
You have to begin broadcasts at 6.00 and go through to 18.00. Divide the time amongst you.
Find out the local weather forecast, and the local and national news.
What music are you going to play?
Who is going to do a sports programme?
What other programmes are you going to have?
Record part of your programme.

Bavaria Filmstudio

In Geiselgasteig ist der Film zu Hause. Die Bavaria ist eine traditionsreiche Filmstadt, aber auch ein modern geführtes Industrieunternehmen. Auf einer Grundfläche von 356.000 m² arbeiten mehr als 400 Festangestellte und mehrere 100 freie Mitarbeiter.

Jeder, der immer schon gerne zum Film wolte, muß unbedingt eine Tour mit dem

Filmexpress machen. Traum und Wirklichkeit, Original und Kulisse, Wahrheit und Trick der Filmwelt können Sie jetzt ganz aus der Nähe erleben. Die Bavaria Film Tour – das sind abwechslungsreiche, interessante, aufregende 1 ½ Stunden mit vielen Überraschungen aus der Welt des Films, der Stars, der Tricks und Illusionen.

Wo liegen die Filmstudios?
Wie viele Leute arbeiten dort?
Wie lange dauert die Führung?
Wer sollte die Führung mitmachen?
Was kann man während der Führung sehen?

Where are the Bavaria Film Studios?
How many people work there?
How long does the tour take?
Who should go on the tour?
What can you see on the tour?

Interview

Ich bin Stuntman von Beruf.
Wichtige Voraussetzung: man sollte sehr sportlich sein.

Ich glaube, daß in diesem Beruf der gesamte Filmbereich sehr interessant ist, einfach mal die Möglichkeit zu haben, hinter die Kulissen zu schauen. Man sollte sehr geduldig und sehr vernünftig an die Arbeit herangehen.

Bei uns in Deutschland ist es sehr schwer, für eine Frau als Stuntgirl eine Stelle zu finden. In Amerika ist es eher möglich.

Im Schnitt zwischen 500 und 15 000 DM. Ich würde sagen im Monat, ungefähr zwischen 5 000 und 10 000 DM.

• Wie hießen die Fragen?

Eine Geschichte erzählen

Wenn man eine Geschichte erzählt, wird meistens das Imperfekt benutzt:

regelmäßige Verben
drücken *drückte*
leben *lebte*
kämpfen *kämpfte*
machen *machte*
sprengen *sprengte*
töten *tötete*

unregelmäßige Verben

> **sein** *war*   haben *hatte*

fahren *fuhr*	kommen *kam*
fallen *fiel*	laufen *lief*
fliegen *flog*	schlagen *schlug*
gehen *ging*	steigen *stieg*

Nützliche Redewendungen – wie heißen sie auf englisch?

eines Tages

vor zwei Tagen	letzte Woche
vor drei Wochen	vorletzte Woche
vor einem Jahr	letzten Samstag
vor zwei Jahren	
um zwei/drei Uhr	eine Stunde später
am Morgen/Nachmittag/Abend	anderthalb Stunden später
am nächsten Tag	während des Tages
	während der Nacht
bald danach	plötzlich
dann	sofort
gleich danach	zunächst

Using the following sentence as a pattern see if you can make
other sentences about the Stunt Show.

Nachdem er den Mann geschlagen hatte, ging er gleich zur Telefonzelle.

- Die Bilder auf diesen Seiten erzählen eine Geschichte. Kannst du diese Geschichte erzählen?

Das Theater

Kasse und Vorverkauf

Tageskasse Geöffnet montags-freitags 10–18 Uhr
samstags 10–15 Uhr
sonn- u. feiertags 10–13 Uhr

Der Vorverkauf beginnt 14 Tage vor dem jeweiligen Vorstellungstag.

Abendkassen Öffnung jeweils 1 Stunde vor Beginn der Vorstellungen.
Zu dieser Zeit gibt es keinen Vorverkauf für andere Vorstellungen.
Telefon 123/12 23 34

Preise
Platzgruppen   **1** 50 DM   **3** 25 DM
2 40 DM   **4** 10 DM

Ermäßigungen Schüler, Studenten, Arbeitslose, Wehr- und Zivildienstleistende, bei Vorlage eines entsprechenden Ausweises 50% auf Preisgruppen 1–3 an der Abendkasse. Schwerbehinderte bei Vorlage des Ausweises 50% im Vorverkauf auf Preisgruppen 1–3.

Nützliche Redewendungen

Wann beginnt die Vorstellung?   Haben Sie noch Plätze für . . .?
Wann ist sie zu Ende?   Was kosten sie?

ROLLENSPIEL

Ins Theater

Ring up the theatre and ask if there are any seats left for next Friday's performance. Find out the price and the time of the performance and when it finishes.
Ask if there is a reduction for school pupils.
Say the line is not very good – can they repeat it please.
Say you want two tickets and ask if you can pay by credit card.

Leave a message for your German friend explaining what tickets you have booked, what time the performance is and when and where you will meet.

Das Kino

Nützliche Redewendungen

Was läuft?
Wann ist die nächste Vorstellung?
Wieviel kostet es?
Wie lange dauert es?
Wer spielt die Hauptrolle?
Magst du ihn/sie?
Wovon handelt es?
Was für einen Film?
Ich lade dich ein.

ein Krimi	ein Westernfilm
ein Abenteuerfilm	ein Kriegsfilm
ein Horrorfilm	ein Science-fiction

Donnerstag — Sonntag 22:45 Uhr
Ein umwerfend komischer und böser Kriminaltango aus Frankreich — 1985 mit drei »Césare« (franz. Oscar) ausgezeichnet: Philippe Noiret als schlitzohriger Flic von entwaffnender Korruptheit: **Die Bestechlichen**
Frankr. 1984; 107 Min; Regie: Claude Zidi; mit Philippe Noiret, Thierry Lhermitte.
René hat als Pariser Polizist so seine ganz spezielle Auffassung von Pflichterfüllung. Von Verhaftungen hält er nicht viel, denn »das treibt die Verbrechensstatistik nur unvorteilhaft in die Höhe und außerdem sind die Gefängnisse eh schon überfüllt.«

DO **22** FR **23** SA **24** SO **25**

Montag — Mittwoch 22:45 Uhr
Einmal monatlich: Terry Gilliams wahnwitzige 1984-Groteske: **BRAZIL**
GB 1985; 142 Min; Regie: Terry Gilliam, mit Jonathan Pryce, Robert de Niro, Michael Palin u.a.
Der außergewöhnliche technische Aufwand und die sich geradezu überstürzenden Regieeinfälle entfesseln ein wahres Feuerwerk von immer neuen Schocks: Kino als Geisterbahn.

MO **26** DI **27** MI **28**

Donnerstag — Sonntag 22:30 Uhr
Pink Floyds bilderstürmende Rock-Oper mit Bob Geldof
PINK FLOYD — THE WALL
THE WALL ist eine halbbiographische musikalische Erzählung, die das schizophrene Leben eines Rockstars reflektiert. Alan Parker brachte das legendäre Musikwerk eindrucksvoll auf die Leinwand.

DO **29** FR **30** SA **31**

ROLLENSPIEL

Ins Kino

Ask Sonja what she is doing tonight.

> Nichts Besonderes.

Ask if she would like to go to the cinema.

> Was läuft?

. . .

> Wovon handelt es?

. . .

> Wann beginnen die Vorstellungen?

. . . Say you will pay.

> Das ist sehr nett von dir. Wo treffen wir uns?

Say you could meet at the bus stop at a suitable time.
Your penfriend asks you:

> OK. Bis dann. Tschüs!

> Hast du Lust heute abend ins Kino zu gehen?

Say yes, you would like to.

> Was für Filme siehst du gern?

Say all sorts.

> Magst du lustige Film?

. . .

> Gehen wir zum Filmpalast? Sehen wir uns *3 Männer und ein Baby* an?

Say you have already seen it. Ask if there is anything else on.

> Ja . . .

Decide what you would like to see and arrange where and when you should meet.

Wovon handelt es?

DER BLADE RUNNER

Vier Republikanten, künstlich geschaffene Menschen, haben sich im Jahr 2019 unerlaubter Weise auf die Erde begeben, um die von ihrem Schöpfer auf vier Jahre festgelegte Lebensfrist verlängern zu lassen. Blade Runner Deckard, ein Spezialist im Aufspüren von Republikanten, macht sich auf die Suche nach den Rebellen, die sich im Verlauf der Geschichte trotz aller Künstlichkeit als überaus menschlich erweisen - im Guten wie im Bösen. Der Film löst die Genremischung von Science-Fiction und Krimi der Schwarzen Serie brillant.

1 Who is the hero of this film?
What genre of film is it?

BEVERLEY HILLS COP

Mit 'Nur 48 Stunden' und 'Die Glücksritter' avancierte er zum As: Eddie Murphy. Jetzt kann er sich mit einem vorzüglichen Drehbuch tummeln, das reihenweise putzmuntere und höchst komische Pointen ausspuckt, wie es einst bei den besten Billy-Wilder-Filmen üblich war. Junger Bulle aus Detroit kommt in das feine Beverly Hills, um hier private Nachforschungen über den Mord an einem Freund anzustellen. Natürlich stapft er voll in ein Wespennest von feinen Ganoven und bekommt auch mit den örtlichen Kollegen Schwierigkeiten, die schon einiges gegen die forschen Schnüffelaktionen des frechen, agilen Schwarzen einzuwenden haben.

2 Who comes to Beverley Hills to investigate a murder?
Where does he come from?
Who steps into a wasp's nest of crooks?

PURPLE RAIN

Musikfilm, der lose auf der Lebensgeschichte des 26jährigen schwarzen, amerikanischen Superstars PRINCE basiert. Das Handlungsmuster: erfolgloser Musiker mit problembeladenem Zuhause - Vater schlägt Mutter - trifft Mädchen, verliert sie zwischenzeitlich an einen Konkurrenten, gewinnt sie zurück und wird erfolgreich. Was PURPLE RAIN aber dennoch zu einem absolut sehenswerten (Musik) Film macht, sind die lose in die Handlung eingebundenen Live-Auftritte von Prince und seinen Proteges.

3 What problem does the hero have?
Who is the chief protagonist?
What is the German for 'successful' and 'unsuccessful'?

HERR DER FLIEGEN

Peter Brooks Film spielt in einer fiktiven Robinsonsituation die Möglichkeiten der Menschen in einer Gemeinschaft durch. Er stilisiert aus dramatischem Inselrealismus eine erschreckende Gesellschaftsparabel: HERR DER FLIEGEN ist die grandiose Verfilmung eines Buches, das wir alle kennen; ein Alptraum über den zerstörischen Kern unserer Zivilisation: ein Gänsehautfilm - ein aufregender Horrorkrimi über das Primitive im Menschen.

4 What do you know this film as in English?
What other story does it liken it to?
What is the German for a 'nightmare' and 'goose pimples'?
(Who wrote the book?)

Hast du diese Filme gesehen?
Kennst du die Geschichten schon?
Wovon handeln sie?

Have you seen any of these films?
Do you know the plot already?
What are the films about?

Das Europa Lied

Das Europa Lied hat «Pünktchen Pünktchen …», eine Schüler-Rockband aus Wuppertal,
geschrieben. Europa ist nicht nur der Titel des Liedes, sondern auch das Programm der Pünktchen.

Wunderland vom Schwarzmeer zum Atlantik.
Breite Ströme zieh'n mich mit sich fort.
Steile Felsen kratzen an den Wolken.
Dunkle Wälder streicheln sanft das Land.

Polarlicht malt ein Zauberband,
der Südwind streut Saharasand.
Der Golfstrom wärmt den Meeresstrand,
Europa, grenzenloses Land!

Du willst andre nicht besiegen,
Du gibst vielen Völkern Raum.
Europa, sanft nach all den Kriegen,
mit Dir lebt der Menschen Traum.

Schnelle Züge fliegen mit der Sonne,
tausend Pferde, golden glänzt ihr Haar.
Labyrinthe, Tempel, Kathedralen,
aufrecht steh'n die Türme der Vernunft.

Polarlicht malt ein Zauberband,
der Südwind streut Saharasand.
Der Golfstrom wärmt den Meeresstrand,
Europa, grenzenloses Land!

Du willst andre nicht besiegen,
Du gibst vielen Völkern Raum.
Europa, sanft nach all den Kriegen,
mit Dir lebt der Menschen Traum.

● What is it about?

besiegen	*to conquer*
Felsen	*rocks*
fort/ziehen	*to carry away*
die Grenze(n)	*border*
kratzen	*to scratch, touch*
der Krieg(e)	*war*
malen	*to paint*
der Raum	*space*
sanft	*softly, peacefully*
steil	*steep*
streicheln	*to stroke*
streuen	*to scatter*
die Vernunft	*reason, sense*
der Zauber	*magic*

18 Funk, Film und Fernsehen

1 Bayerntext

Bayerntext das Fernsehtext-Programm des Bayerischen Rundfunks, hält ein breites Angebot an Informationen bereit. Täglich kann der Zuschauer auf 450 Tafeln das Neueste aus Politik, Kultur und Sport abrufen. Fast rund um die Uhr aktualisiert eine eigene Redaktion laufend das Programm.

280 Programmbegleitung Fernsehen

288	Lese-Zeichen
289	Kochrezept
291	Sprechstunde

101 Aktuelles

102-111	Letzte Meldung
112-120	Nachrichten Welt/Deutschland
150	Untertitel für Gehörlose
170-176	Nachrichten Touristik/Verkehr

300 Hauptübersicht Fernsehen

301-303	Bayerisches Fernsehen: heute
321-323	Bayerisches Fernsehen: morgen
360-371	Bayerisches Fernsehen: Wochenvorschau
400	Hauptübersicht Service

180 Wetter

183	Wetterkarte
184	5-Tage-Vorschau
185	Bergwetter

410 Flughafen München-Riem

411	Abflug: Inland
412	Abflug: Ausland
413	Ankunft

200 Sport

201-219	Meldungen
247	Sportwetten
248	Pferderennen

430 Bayerische Börse München

431	Tendenz
432	Devisenkurse

270 Hörfunk

275-278	Hörfunk aktuell
279	Schlager der Woche

445 Arbeitsmarkt/Stellenangebote

On what 'pages' would you find the following?

airport arrival times	today's TV programmes	stock market
airport departures, abroad	tomorrow's TV programmes	subtitles for hard of hearing
cookery recipe	racing results	travel information
exchange rates	road traffic information	what's on the radio
job opportunities	ski information	the weather in the alps
latest news	sports results	hits of the week

2 Schilder

**BETRETEN VERBOTEN !
GELÄNDER FÜR STUNTSHOW
PRÄPARIERT ! ! !**

**Betreten
verboten
Lebensgefahr!**

**Vorsicht Sprengstoff
Lebensgefahr !**

What is the German for:

a entrance
b pre-booked groups
c individuals
d danger

e please get your tickets in advance
f no entry
g explosives
h forbidden

3 Bavaria Film Tour

How do you get there:

a by car?   **b** on public transport?

> Sie erreichen uns
> **mit der Tram 25**
> ab Hauptbahnhof, Stachus und Sendlinger-
> Tor-Platz bis Haltestelle Bavariafilmplatz
> (nur Mo–Fr),
> **mit der U-Bahn-Linie U 1/2**
> ab Hauptbahnhof bis Silberhornstraße,
> dann mit der Tram 25 bis Bavariafilmplatz,
> **mit dem Auto**
> über den Mittleren Ring, Grünwalder Straße,
> Theodolindenplatz und Geiselgasteigstraße
> bis Ortseingangsschild „Grünwald". An dieser
> Stelle links abbiegen.

4 Die Wettervorhersage

Regen! Und kälter wird es auch noch – leider

Polare Meeresluft strömt nach Deutschland ein – es wird kälter. Gestern fegte ein Schneesturm mit Windstärke 7 um die Zugspitze, 15 Zentimeter Neuschnee. Die Schneefallgrenze ist auf 1000 Meter gesunken. Beim Spazierengehen sollten Sie heute den Schirm nicht vergessen. Überall in Deutschland gibt's Regenschauer, die Tagestemperaturen liegen bei 6, nachts muß man mit Bodenfrösten rechen.
Wer jetzt noch Strandurlaub machen will, liegt in Tunesien und Marokko richtig: Herrlicher Sonnenschein, 28° im Schatten. Das Meer ist 24° warm.

a Where is the weather coming from?
b What was it like at the Zugspitze yesterday?
c At what height is the snow line?
d What do you need if you are going out?
e What can you expect overnight?
f Where should you go for a beach holiday?
g What is the weather like there?

SCHREIBPROGRAMM

1 Das Fernsehprogramm

Explain in German what these programmes are about.

5.00 Newsround

8.30 'Allo 'Allo! While René is recovering from his hoisting by a radio aerial, Herr Flick and Von Smallhausen continue with their plan to infiltrate the Resistance (r). (Ceefax)

10.30 Film: Excalibur (1981).

5.35 Neighbours (r). (Ceefax). Northern Ireland: Sportswide 5.40 Inside Ulster

7.00 Top of the Pops introduced by Jakki Brambles (simultaneous broadcast with Radio 1)

5.00 The Lone Ranger (b/w). Wholesome American wild west hero adventures

8.25 Farnborough 90. Noel Edmonds, Rob Curling, Julian Tutt and John Hutchinson visit the world's leading aerospace exhibition, where they look at the latest developments in the world of aviation

3.55 The Raggy Dolls 4.10 Disney's Duck Tales (r) **4.35 Speedy and Daffy** (r)

10.00 News at Ten with Alastair Burnet and Julia Somerville. Weather 10.30 **Thames News** and weather

12.50am Exodus – Bob Marley and the Wailers Live! The celebrated reggae star in concert at the height of his powers. Ends at 2.10

2 Im Kino

Write Sonja a note telling her you are inviting her to go with you to the cinema tonight. Tell her what is on, what time it begins, and where and when you will meet. Ask her to give you a ring to confirm it.

3 Die Wettervorhersage

Michael is coming to stay with you. This is the weather forecast. Tell him, in German, what the weather is going to be like, what you propose doing and what clothes he should bring.

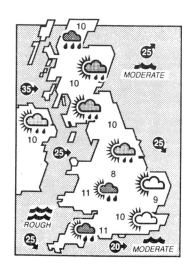

1 Welche Sendung ist es?

2 Jeden Tag Fernsehen?

Wie lange sehen sie täglich fern? Wann und mit wem?

	Wie lange?	Wann?	Mit wem?
1			
2			
3			
4			
5			
6			

3 Lieblingssendungen

What are their favourite programmes?

a Tanja   die Nachrichten
b Michael   Dallas
c Knut   Sesamstraße
d Anke   die Werbung
e Andrea   Sport
f Uli   Formel Eins
     Familienserien

4 Welchen Film beschreiben sie?

Krieg der Sterne

3 Männer und ein Baby

BATMAN

Der weiße Hai

Der Name der Rose

Männer

Herr der Fliegen

5 Um wieviel Uhr?

SAT 1-Blick
anschließend:
SAT 1-Wetter
Glücksrad
SAT 1-Wetter
anschließend:
SAT 1-Blick
Sport live
Tennis US Open
in Flushing
Meadow
SAT 1-Blick
Spiegel-TV
Reportage

Knight Rider
Der geheimnis-
volle Ohrclip
Willkommen
Mr. B
105 min US-Agentenko-
mödie von 1965
Mit James Gar-
ner, Melina Mer-
couri, Sandra
Dee
Explosiv
RTL aktuell

Das Tal der tan-
zenden Witwen
Spielfilm (1974)
Start
Kasse Mady
Popkonzert
Off Beat
P.O.P.
Yesterday
Video Nonstop

World Review
DJ Kat Show
Eurobics
Trax
Australian
Football
Fußball
Leichtathletik
Stockcar-WM
A day at the
beach
Eurosport

6 Der Wetterbericht

Wie wird das Wetter heute und morgen:

a in Norddeutschland?   **c** im Mittelgebirge?
b in Süddeutschland?   **d** in den Alpen?

LERNZIELKONTROLLE

1 **By now you should be able to:**

talk about the media;
talk about television, film and radio;
say how much you watch or listen;
say what you like or don't like watching;
say what you have or haven't watched;
talk about jobs in the media;
talk about people's characteristics;
say what characteristics you need for different jobs;
tell the story of a programme or film;
understand the gist of a weather forecast;
tell someone what the weather forecast is;
make arrangements to go to the theatre or cinema;
enquire about programmes by phone.

2 **Ein Interview**

You are going to interview a German student on a school exchange and one of the German
teachers. What questions are you going to ask to find out the following:

a His/her name and how its spelt.
b Where he/she lives, and spell any difficult words.
c What sort of place that is.
d If they like watching television and what sort of programmes they like.
e How much television they usually watch on a weekday and at the weekend.
f How much they watched yesterday.

3 **Kannst du diese Fragen beantworten?**

Wie lange/wie viele Stunden siehst du fern pro Tag?
Wann guckst du Fernsehen?
Mit wem? Alleine, mit Freunden oder mit der ganzen Familie?
Gibt es manchmal Streit, weil jeder etwas Anderes sehen will?
Hast du einen eigenen Fernseher?
Was für Sendungen guckst du dir an?
Hast du eine Lieblingssendung?
Hast du einen Videorekorder?
Leihst du dir manchmal Videos aus?
Siehst du lieber Videos oder gehst du lieber ins Kino? Begründe deine Antwort!

Kapitel 19

Soldat oder Zivi?

Dienst

Für viele junge Leute stellt sich am Ende ihrer Schulzeit die Frage: *Soll ich zur Bundeswehr oder zum Zivildienst?*

Jungen über 18 müssen entweder 12 Monate zur Bundeswehr oder 15 Monate Zivildienst machen. Aber nicht jeder freut sich auf diese Erfahrung. Die meisten jungen Männer entscheiden sich für die Bundeswehr.

Klaus

Raoul

die Erfahrung(en)	*experience*

Welche Entscheidung muß man am Ende der Schulzeit treffen?

What 'decision' must one make upon leaving school?

Was ist die Bundeswehr. Und was ist Zivildienst?

What are Bundeswehr *and* Zivildienst?

Wer muß zur Bundeswehr und wer muß Zivildienst machen?

Who has to do them?

Wie lange dauert das?

How long for?

Was macht Raoul?

What does Raoul do?

Was macht Klaus?

What does Klaus do?

Bundeswehr . . . oder Zivildienst?

Die Bergausbildung macht mir besonders viel Spaß. *Franz*

Wenn ich ehrlich bin, ist es kürzer. Man verliert weniger Zeit.

Ich habe keine Lust durch den Schlamm zu laufen und um sechs Uhr früh aufzustehen. Ich finde es eine Zeitverschwendung, weil man keine Bundeswehr mehr braucht.

Aus reiner Abenteuerlust.

Ich kann dort in meinem Beruf weitermachen (als Kellner im Offizierskasino). *Antonio*

Ich will nicht auf andere Leute schießen. *Jan*

Bundeswehr auf gar keinen Fall, weil ich da, auch wenn ich ein Junge wäre, verweigern würde. *Anna*

Ich lehne das ab – Gewalt und Waffen. *Steffi*

Ich bin gegen Waffen, gegen Gewalt und ich bin der Meinung, man könnte das Geld für Wohltätigkeitszwecke benutzen. *Bernd*

- Franz entscheidet sich für die Bundeswehr, weil ihm die Ausbildung Spaß macht. Wofür würden die anderen jungen Leute sich entscheiden? Warum?

- Was würdest du machen? Warum?
  Sollen Mädchen auch zum Bund gehen oder Zivildienst machen?

Beim Bund

Die Bundeswehr kann offensichtlich eine positive Erfahrung sein.

Der Tag fängt mit dem Aufstehen um sechs Uhr an.

Dann erstmal frühstücken, danach meistens irgendein
Ausbildungsblock, manchmal auch Bergmärsche.

Die Namensliste wird verlesen.

Dann Mittagessen, danach Nachmittagsblock, oder wenn man
vom Bergmarsch zurückkommt, Reinigung der Ausrüstung.

Nach dem Abendessen ist Dienstschluß.
Nach Dienstschluß mache ich meistens Sport oder wir gehen ins
Kino nach Garmisch oder gehen abends irgendwo aus, in den
Kneipen in Mittenwald.

Ich wohne in der Kaserne.
Man kann mit acht Leuten zwar
auskommen, es ist aber ab und zu
schwierig. Man muß
tolerant sein. Dann geht es.
Die bergsteigerische
Ausbildung macht mir sehr
viel Spaß.
Meiner Meinung nach ist es
immer noch sinnvoll, eine
Armee zu haben, so daß
dadurch das militärische
Gleichgewicht bestehen
bleibt.

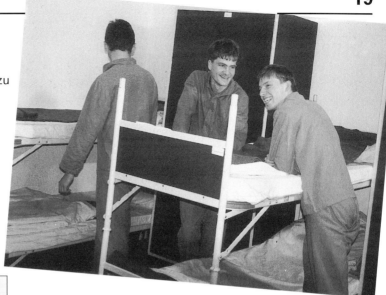

sinnvoll	*meaningful*
das Gleichgewicht	*balance*

Mit wie vielen Leuten teilt man ein Zimmer?   *How many people are there to a dormitory?*
Um wieviel Uhr ist Appell?   *When do they have to get up?*
Was machen sie vormittags?   *What do they do in the mornings?*
Was machen sie nachmittags?   *What do they do in the afternoons?*
Um wieviel Uhr ist Dienstschluß?   *When do they finish for the day?*
Was machen sie abends?   *What do they do in the evenings?*
Was macht Raoul sehr viel Spaß?   *What part of the training does he enjoy?*

- Ist es Raouls Meinung nach gut oder nicht gut, eine Armee zu haben? Warum?

Werden Soldaten noch gebraucht?

‚Der Bund stellt Streitkräfte zur Verteidigung
auf‘, heißt es im Grundgesetz. ‚Männer können
vom vollendeten 18. Lebensjahr an zum Dienst
in den Streitkräften verpflichtet werden.‘
Noch immer leben wir in einer friedlosen Welt.
Solange es Konflikte und Haß gibt, Drohung
und Erpressung, solange ist es gut, auf
Wechselfälle vorbereitet zu sein. Demokratie
und Freiheit, das lehrt uns die Geschichte, sind
ohne Schutz nicht zu haben. Diesen Schutz zu
gewährleisten ist die Aufgabe der Bundeswehr.
Sie erwartet dafür keinen Beifall. Aber die
jungen Männer, die sich ihrer Pflicht stellen,
verdienen unsere Achtung. Denn es sind unsere
Kinder, unsere Brüder, die dafür sorgen, daß
wir unser Leben so leben können wie wir es als
freie Menschen wollen.   **Die Bundeswehr**

- Ordne die deutschen Wörter
  den englischen zu.

die Drohung	*service*
der Dienst	*to guarantee*
die Freiheit	*world*
gewährleisten	*freedom*
gewiß	*hatred*
der Haß	*defence*
das Grundgesetz	*protection*
der Schutz	*armed forces*
die Streitkräfte	*clearly*
die Verteidigung	*constitution*
die Welt	*threat*

- Was sagst du dazu? Spricht man hier für
  oder gegen eine Bundeswehr?

Talking about yourself

Present tense

The present tense translates the English forms *I work* and *I am working*.

arbeiten	→ich arbeite	REFLEXIVE VERBS
essen	→ich esse	ich wasche mich
finden	→ich finde	
gehen	→ich gehe	SEPARABLE VERBS
schlafen	→ich schlafe	ich sehe fern

Past tense (Perfect)

The perfect tense translates the English forms *I worked*, *I have worked* and *I have been working*. You use the perfect tense when talking about yourself and saying what you have done.

arbeiten	Ich habe (in einem Café) gearbeitet.
essen	Ich habe (in einem Restaurant) gegessen.
finden	Ich habe (eine Tasche) gefunden.
gehen	Ich bin (in die Stadt) gegangen.
schlafen	Ich habe (in einem Zelt) geschlafen.

Remember ...

1 How and when to use *haben* or *sein*

To form the perfect tense you take *ich habe* or *ich bin* + the past participle:
Ich habe gegessen.   Ich bin gefahren.

2 How to make the past participle

REGULAR	IRREGULAR
ge . . . t	ge . . . en
gemacht	gefahren

Verbs which don't take *ge-*

Verbs which end in *-ieren:*

fotografieren	→ich habe fotografiert
telefonieren	→ich habe telefoniert

Verbs which begin with *be-, emp-, ent-, ge-* and *ver-*:

bewerben	→ich habe mich beworben	entschließen	→icn habemich entschlossen
empfehlen	→ich habe empfohlen	versprechen	→ich habe versprochen

3 Word order

The auxiliary goes into second place in the sentence and the past participle goes to the end of the sentence or clause.

Heute bin ich in die Stadt gefahren.

    ↑   ↑
 auxiliary   *past participle*

Future tense

The future translates *I will work*.   Ich werde (in einem Geschäft) arbeiten.

Melanies Tagesablauf

<u>Montag</u> Morgens werde ich durch meinen Wecker um sechs Uhr geweckt. Bis ich dann angezogen bin, ist es 6.20 Uhr und es wird Zeit, meinen Bruder zu wecken. Danach gehe ich meistens allein frühstücken, weil meine Eltern schon zur Arbeit sind und mein Bruder noch im Bad ist.

Um 6.42 Uhr ist es dann Zeit zum Bus zu gehen, wo ich meistens erst richtig wach werde. Mit dem Bus fahre ich bis zum Friedrich-Wilhelm-Platz, wo ich dann noch in die Straßenbahn steigen muß. Meistens treffe ich dort noch eine Freundin und wir quasseln über den bevorstehenden schrecklichen Schultag. In den ersten beiden Stunden haben wir Deutschunterricht bei Frau Plönjes, zwischendurch eine fünf Minuten Pause, in der wir uns unterhalten oder ein Brot essen. Nach jeder zweiten Stunde haben wir eine große Pause von etwa 20 Minuten. Dort ißt jeder sein Brot, es wird diskutiert, gequasselt, über die Lehrer geschimpft und eventuell noch für einen in der nächsten Stunde angesagten Test geübt.

Um 13.10 Uhr sind die Stunden geschafft und es geht mit Bus und Straßenbahn nach Hause. Das ist manchmal ganz schön nervig. Zu Hause angekommen werden die Schulsachen in die Ecke gestellt und die Musik auf volle Pulle angestellt!

Wie wird Melanie geweckt?	*How is she woken?*
Um wieviel Uhr?	*At what time?*
Was macht sie zunächst?	*What does she do next?*
Wie fährt sie zur Schule?	*How does she go to school?*
Was hat sie in den ersten zwei Stunden?	*What are the first two lessons?*
Was macht sie in den Pausen?	*What does she do during the breaks?*
Um wieviel Uhr ist die Schule aus?	*What time does school finish?*
Was macht sie, wenn sie zu Hause ist?	*What does she do when she gets home?*

- Was meinst du?
  Geht Melanie gern zur Schule oder nicht? Begründe deine Antwort!

 Wann ...?

Um wieviel Uhr stehen sie auf und wann gehen sie ins Bett?

19 Soldat oder Zivi?

Tagesablauf

Was machst du an einem normalen Schultag?
Was machst du am Wochenende?

Ich wasche mir die Haare.

auf/stehen
sich waschen
duschen
sich die Haare waschen
sich die Haare fönen
sich die Zähne putzen
aufs Klo gehen
sich an/ziehen
in die Küche gehen
das Frühstück vorbereiten
frühstücken
das Haus verlassen
zur Schule gehen/fahren
arbeiten/lernen/quatschen …
nach Hause gehen/fahren
essen und trinken
Hausaufgaben machen
schwimmen/spielen/nach draußen gehen
fern/sehen
lesen
Musik hören
zu/ins Bett gehen

Ich habe gegessen.

Was hast du gestern gemacht?
Was wirst du morgen machen?
Was hast du letztes Wochenende gemacht?

Ich mache Judo.

Ich habe Judo gemacht.

WIEDERHOLUNG

In den Ferien

Wie waren die Ferien?   Was hast du gemacht?
Wie war das Wetter?   Hat es Spaß gemacht?

Winterurlaub

In den Sommerferien

 **WIEDERHOLUNG**   **Talking about others**

Present tense

arbeiten	→er arbeitet	gehen	→er geht
essen	→er ißt	schlafen	→er schläft

IRREGULAR VERBS

brechen	bricht	helfen	hilft	sterben	stirbt
dürfen	darf	können	kann	tragen	trägt
empfehlen	empfiehlt	laden	lädt	trinken	trinkt
essen	ißt	lesen	liest	tun	tut
fahren	fährt	mögen	mag	vergessen	vergißt
fallen	fällt	müssen	muß	werden	wird
geben	gibt	nehmen	nimmt	werfen	wirft
haben	hat	sehen	sieht	wissen	weiß
halten	hält	sprechen	spricht	wollen	will

Past tense (Perfect)

You use the perfect tense when talking about the recent past, or when talking about the past in relation to the present.

    Er ist nicht mehr hier, er ist eben schwimmen gegangen.

gehen   Er ist (in die Stadt) gegangen.
arbeiten   Er hat (in einem Café) gearbeitet.

Past tense (Imperfect)

The imperfect tense translates the English forms *worked* and *was working*. Use the imperfect when talking about other people (without reference to the present), and telling a story or reporting or recounting an incident.

Regular form
machen → machte

Common irregular forms
What are the infinitives?

begann	traf	schrieb	kam	fiel
dachte	verlor	sprach	nahm	ging
fand	blieb	trank	schwamm	ließ
hatte	aß	wußte	sprang	rief
las	flog	brach	tat	sah
schlief	half	fuhr	zog	stieg
war	lag	gab	brachte	vergaß

Future tense

Er wird (in einem Geschäft) arbeiten.

Lust zum Lesen . . .

I like you – und du?

Karins Vater Robert und Paddys Mutter Maureen sind befreundet. Hier ist die Geschichte von dem irischen Jungen Paddy, der mit seiner Mutter nach Berlin zieht und nun mit Karin eine etwas komplizierte Freundschaft eingeht. Paddy spricht kaum Deutsch und Karin kann schlecht Englisch. Sie unterhalten sich in einem witzigen Sprachmischmasch.

«Da sind sie, da sind sie!» rief Karins Vater und lief einer dunkelhaarigen Frau entgegen. Hinter ihr, etwas verloren, ein Junge. Das muß wohl Paddy sein, dachte Karin. Während sich ihre Eltern umarmten, sahen Karin und Paddy einander zum erstenmal an.

Robert Förster introduced everybody: «Maureen, Paddy, this is my daughter Karin. Karin, das sind Maureen und Paddy.»

«Hallo, Karin, ich habe schon viel von dir gehört.» Das war Maureen. Sie schien freundlich zu sein. Und Deutsch sprach sie auch. Nicht schlecht. Karin lächelte sie an. «Hallo.» Sie guckte Paddy an. Er hatte noch nichts gesagt. Er trat von einem Bein aufs andere, so als ob er nicht recht wußte, was er machen sollte. «Nett, Sie zu treffen», sagte er und bot Karin seine Hand an. Sie lachte: «Mann, zu so was wie mir, sollst du doch *du* sagen!» Paddy was surprised. Brother John always said you have to say «Nett, Sie zu treffen» but Karin had laughed at him. He felt very stupid. He didn't understand all of what she said – she spoke so quickly – he only recognised the word *du*. So he shouldn't have said *Sie*. Damn Brother John anyway! He felt more awkward than ever. Karin looked so confident. She must think he was an idiot.

Sofort nachdem Karin ihn verbessert hatte, fühlte sie sich ziemlich blöd. Mensch, dachte sie, so was Beknacktes, da versucht der etwas auf Deutsch zu sagen und was mach ich? Ich spiele Lehrerin. Echt blöd. Vielleicht sprach er wirklich nicht viel Deutsch. «I'm sorry for bettering you», sagte sie.

«You mean correcting me?» A smile showed some relief, «Oh, that's alright. I have to start learning sometime anyway.» Paddy didn't feel so bad now. At least she made mistakes, too.

«Ich hoffe wir werden gute Freunde», fügte Karin hinzu. Irgendwie fand sie ihn nett.

«I hope so too», said Paddy and smiled at her. Maybe things would work out after all.

Und was sage ich jetzt, dachte Karin. Scheißsituation. So was war ihr noch nie passiert. Sie wollte was auf englisch sagen, aber nichts kam. Knoten in der Zunge. Und auf deutsch? Ja, gut, aber was? Hast du einen guten Flug gehabt? oder: Wie war das Wetter in Irland? oder: Das ist also die Berliner Luft? Alles Quatsch. Nee, das ging nicht. Und dann diese Frau. Papa war plötzlich ganz anders. Ob er sich freute? Bestimmt. Eigentlich freute Karin sich auch – einen gleichaltrigen Bruder oder so findet man schließlich nicht alle Tage. Bruder? Ein komischer Bruder, den man nur angucken kann und der nichts sagt . . .

from *I like you – und du?* by Emer O'Sullivan and Dietmar Rösler

Wovor hast du Angst?

	keine	wenig	viel	sehr viel
Aids		✔		
Alkoholismus	✔			
Arbeitslosigkeit		✔		
Atomkraftwerke/Kernkraft			✔	
Atomkrieg				✔
Atomwaffen				✔
Aufrüstung				✔
Drogen		✔		
Giftmüll				✔
Krankheiten			✔	
Politiker			✔	
Rassismus			✔	
Rauchen		✔		
Schulnoten/Prüfungen		✔		✔
Terrorismus				✔
UFOs	✔			
Umweltzerstörung			✔	

- Schreib diesen Fragebogen drei mal ab und fülle einen davon gleich für dich aus. Such einen jüngeren Mitschüler und einen Erwachsenen und bitte sie, einen Fragebogen auszufüllen. Jan hat den Fragebogen ausgefüllt. Was weißt du über ihn?

- Arbeitet zu viert. Vergleicht die Ergebnisse. Wovor habt ihr Angst? Wovor haben die Erwachsenen Angst und wovor die jüngeren Leute? Welche Unterschiede gibt es?

Drogen, Rauchen und Alkohol

Warum greift man zu Zigaretten, Drogen und Alkohol?
Eine Umfrage in einer Klasse von 24 Schülern (vier Stimmen pro Schüler) ergab folgendes:

Man greift zu ...		
	aus Angst	IIII
	aus Neugierde	₩ ₩ ₩ IIII
	um munter zu bleiben	I
	um einem Idol nachzueifern	₩ I
	um Langeweile zu vertreiben	₩
	um 'In' zu sein	₩ ₩ ₩ I
	weil sie in Griffnähe sind	II
	aus Gruppenzwang	₩ II
	aus Protest	₩

- Mach eine Umfrage unter deinen Mitschülern und vergleich die Ergebnisse.

Zividienst

«Wer aus Gewissensgründen den Kriegsdienst mit der Waffe
verweigert, kann zu einem Ersatzdienst verpflichtet werden»

Die Zahl der Kriegsdienstverweigerer nimmt trotz der längeren
Dienstzeit ständig zu. Im Jahre 1958 gab es nur 2 447
Kriegsdienstverweigerer, im Jahre 1988 waren es schon *ca.* 76 000.
Zivildienstleistende sollen Aufgaben erfüllen, die dem
Allgemeinwohl, besonders im sozialen Bereich, dienen.

Als Zivildienstleistender kann man in den folgenden Bereichen
arbeiten:
Pflegehilfe und Betreuungsdienste (z.B. bei alten oder
behinderten Leute)
Fahrdienst (Krankentransport, Rettungsdienst)
Handwerkliche, gärtnerische oder landwirtschaftliche Tätigkeiten
    (z.B. in einem Krankenhaus, Alters- oder Kinderheim)
Tätigkeiten im Umweltschutz (z.B. in einem Wald oder Naturschutzgebiet)
Individuelle Betreuung Schwerstbehinderter

Rainer hat sich für die Arbeit mit einem
individuellen Schwerstbehinderten
entschieden. Er kümmert sich um Ilse, eine
schwerstbehinderte junge Frau, die nur noch
sprechen und die Augen bewegen kann, die
aber noch zur Uni geht. Rainer muß alles tun:
Er bereitet das Frühstück vor, wäscht und
zieht sie an, setzt sie in ihren Rollstuhl, füttert
sie und fährt sie zur Uni. Er muß immer
pausenlos bei ihr sein, auch während der
Vorlesungen, denn alleine kann sie nichts. Er
hält die Bücher, so daß Ilse sie lesen kann und
schreibt auf, was sie diktiert. Für ihn hat
Zivildienst viel gebracht.

Thomas arbeitet im Mobilen Sozialen
Hilfsdienst. Er hat einen festen Dienstplan.
Mittwochs z.B. geht er für eine ältere
halbblinde Dame einkaufen, putzt ihre
Wohnung, macht das Essen und hört ihr zu.
Sie lebt nur von einem Mittwoch zum nächsten
– nämlich wenn er bei ihr ist und mit ihr
plaudert.

allgemein	*general*
die Aufgabe(n)	*exercise, task*
der Bereich(e)	*area*
besonders	*especially*
dienen	*to serve*
erfüllen	*to fulfil*
der Ersatz	*substitute, alternative*
das Gewissen	*conscience*
trotz (+*gen.*)	*in spite of*
verpflichten	*to be obliged (to do something)*
verweigern	*to refuse*
die Waffe(n)	*weapon*
das Wohl	*well-being*

● Was meinst du? Ist der Zivildienst eine Zeitverschwendung? Wenn du Zivildienst machen
  müßtest, würdest du lieber für Schwerbehinderte oder alte Leute sorgen, oder handwerkliche
  Arbeit leisten?

Klaus als Zivi

Klaus Keller hat vor kurzem
seine Entscheidung getroffen.
Er hat sich entschlossen, *Zivi*,
d.h. Zivildienstleistender,
zu sein und er arbeitet mit
behinderten Kindern.

*Mein Name ist Klaus Keller.
Ich bin 27 Jahre alt. Im
Moment mache ich meinen
Zivildienst in einem Heim für
schwerbehinderte Kinder.
Jeden Tag verbringe ich hier
acht Stunden mit den
Kindern. Der Tag beginnt
mit dem Aufwecken.*

*Alex kann nicht gehen, deshalb trage ich ihn.
Er ist der älteste hier, er ist 21 Jahre alt.*

*Jeden Morgen bade ich die Kinder. Auch
beim Zähneputzen muß ich helfen.*

*Nach dem Frühstück treffen sich die Kinder
zum Morgenkreis. Jeden Morgen gibt es
einen Morgenkreis. Heute machen wir ein
bißchen Musik.*

*Sandra ist fünf Jahre alt. Sie kann nicht
sehen und auch nicht sprechen. Aber sie
versteht viel. Sie versteht mehr als die meisten
anderen Kinder ... Sandra versteht viel.*

*Alex kann nicht alleine stehen, aber er liebt
Bewegung. Alex ist ein sehr ausgeglichener
und ruhiger Junge ...*

Franz Martin ist fünf Jahre alt und eine richtige Wasserratte. Alle Kinder fühlen sich im Wasser sehr wohl.

Im Heim wohnen zur Zeit 97 blinde und behinderte Kinder, die von 25 Zivis mitbetreut werden. Das Heim ist überdurchschnittlich gut ausgestattet. Eine meiner Aufgaben ist, bei den Mahlzeiten zu helfen. Die Kinder wohnen in einer Kleingruppe zusammen, wie eine Familie. Sie können nicht selbständig essen – deshalb muß ich sie füttern. Das Essen ist hier sehr gesund und frisch. Das ist besonders wichtig für diese Kinder.

Carmen ist das schwierigste der Kinder. Sie schreit oft und ist aggressiv gegen sich selbst. Sie kann als einzige sehen und laufen. Carmen liebt Musik. Das beruhigt sie sofort. Sie mag auch alles, was glitzert. Sie entspannt sich und kann dann schlafen.

Jedes Kind geht tagsüber zur Therapie. Wenn das Wetter schön ist, machen wir Ausflüge. Dafür haben wir einen Bus. Am liebsten fahren wir zum Schloß Nymphenburg. Es ist nur fünf Minuten vom Heim entfernt. Obwohl die Kinder nicht sehen können, genießen sie die verschiedenen Gerüche und Geräusche.

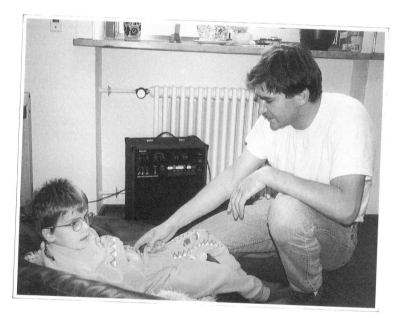

What are the names of the children for whom Klaus is responsible?
What does he tell you about them?
What do his jobs include?

- Draw up a plan of Klaus' working day.

- What are your reactions to watching him working with the children?
  Could you do it?
  Do you think *Zivildienst* is a good thing?

Soldat oder Zivi?

Alle meine Freunde, die zum Bund gegangen sind, sagen es sei schrecklich langweilig dort. Die ersten drei Monate sollen noch erträglich sein, weil da alles neu ist und man gefordert wird. Doch danach sei es nur noch öde, man langweile sich zu Tode, die Leute fingen an, sich nach Feierabend zu besaufen und außer Karten spielen, könne man nicht viel machen, sagen sie. Schon das ist für mich Grund genug, nicht zum Bund zu gehen. Lieber arbeite ich 15 Monate lang in einem Altenheim oder im Krankenhaus und lerne dabei wenigstens auf menschlichem Gebiet sehr viel dazu, als daß ich 12 Monate lang in einer Kaserne herumlümmle und mich langweile.

Uli

What is Uli going to do?
What reasons does he give?
What have his friends told him about their experiences?

Die Bundeswehr ist nicht da um Kriege zu führen, sondern in erster Linie, um vor Krieg zu bewahren. Sie dient der Erhaltung des Friedens. Aus diesem Grund gehe ich zum Bund. Ich bin für die Bewahrung des Friedens und will meinen Teil dazu beitragen. Für mich ist in gewisser Weise jeder, der sich vor dem Bund verweigert, ein kleiner Verräter. Denn er sagt, er will niemanden erschießen, aber wenn es zu einem Krieg kommt, müssen andere Leute für ihn schießen und sterben.

Martin

What is Martin going to do?
What reasons does he give?
What does he think of people who make the same decisions as Uli?

Was machen Uli and Kylie?

Uli (Deutschland)   Kylie (Australien)

Arbeitet zu zweit. Stellt euch gegenseitig Fragen.
Wie spät ist es und was machen sie?

z.B. Es ist 6.30 Uhr. Uli steht auf. Was macht Kylie?
Kylie steht auf. Wieviel Uhr ist es in Deutschland und was macht Uli?
Es ist 19 Uhr in Deutschland. Was hat Uli schon gemacht?
Was macht Kylie? Was wird sie noch machen?

Das kommt darauf an, ob ...   *That depends whether ...*

197

19 Soldat oder Zivi?

1 Überfälle in Straßenbahnen

Einen ungewöhnlichen Ort suchten sich am Mittwoch abend zwei jugendliche Banden für zwei Raubüberfälle aus: die Straßenbahn.

Einer von vier Jugendliche hielt einem 17jährigen in der Linie 402 (in Richtung Hombruch) gegen 22.30 Uhr von hinten ein Messer an den Hals und forderte ihn auf, seine Geldbörse herauszugeben. Als er das Geld hatte, verließ er zusammen mit seinen drei Begleitern die Bahn.

Der andere Vorfall ereignete sich in der Straßenbahn von Westerfilde in Richtung Stadtmitte. An der Haltestelle Hauptbahnhof stiegen sechs Jugendliche – vermutlich Ausländer – ein. Sie fragten einen 13jährigen nach der Uhrzeit, ergriffen gleichzeitig seinen Arm. Unter Androhung von Prügel wurde ihm die Uhr vom Arm gerissen.

a Where did these robberies take place?
b When?
c What happened in the first incident?
d How many people were involved?
e What did they steal?
f What happened in the second incident?
g How many people were involved?
h What was taken?

2 Zivildienst: Tätigkeitsgruppen

Tätigkeitsgruppe	15.9.89
01 Pflegehilfe und Betreuungsdienste	54 512
02 Handwerkliche Tätigkeiten	12 748
03 Gärtnerische und landwirtschaftliche Tätigkeiten	1 974
04 Kaufmännische und Verwaltungstätigkeiten	1 111
05 Versorgungstätigkeiten	4 871
06 Tätigkeiten im Umweltschutz	1 711
07 Kraftfahrdienste	2 682
08 Krankentransport und Rettungsdienst	9 646
11 Mobiler Sozialer Hilfsdienst	12 624
19 Individuelle Schwerstbehindertenbetreuung	6 800
49 ISB von Kindern	312
89 Spitzensportler	36
Gesamt	109 012

a How many people worked in improving the environment?
b How many worked in the ambulance service?
c How many worked with severely handicapped people?
d How many worked with the elderly and the handicapped?
e How many worked on the land?
f What is special about the people in group 89?
g What would you expect to do if you were in group 07?
h What sort of jobs do you think the people in group 02 do?
i What was the total number of people opting for *Zivildienst* in 1989?

3 Axels Dienst

Axel arbeitet im Erna-David-Zentrum, einem Altenpflegeheim.

6.00 Uhr

Das frühe Aufstehen ist nicht leicht. Nach dem Frühstück, mit zwei Broten im Bauch, geht es schon besser. Ich fahre mit dem Fahrrad ins Heim.

6.30 Uhr

Ich habe Frühdienst. Ich gehe durch die Zimmer. Die meisten Leute sind schon wach. Manche führe ich zur Toilette, helfe beim Waschen und beim Anziehen. In den ersten zwei Monaten bin ich ganz oft mit den anderen Pflegern mitgegangen, um alles zu lernen. Heute kenne ich die alten Menschen und ihre Eigenarten. Die kennen mich natürlich auch.

9.00 Uhr

Es gibt Frühstück. Ich teile Kaffee aus und schmiere Brote. Ich gehe zu den Alten und Schwachen und füttere sie.

9.30 Uhr

Jetzt habe ich selbst Frühstückspause. Ich schmiere mir ein paar Brötchen und setze mich mit den Kollegen zusammen. Als Zivi frühstücke ich im Heim und esse dort auch Mittag. Ich kann auch im Heim wohnen. Aber meine Eltern leben nur zwei Kilometer vom Heim weg. Darum bin ich nicht umgezogen.

11.40 Uhr

Wenn ich Zeit habe, rede ich mit den Leuten. Sie erzählen von früher. Manche sind geistig durcheinander. Sie reden von ihren Eltern und fragen, wann die sie abholen. Auf einem Lehrgang hat man uns erzählt, daß man in Schichten lernt. Im Alter baut man diese Schichten wieder ab. Einzelgespräche finde ich sinnvoll. Leider hat man zu wenig Zeit dazu.

13.00 Uhr

Dienstschluß. Die Kollegen der Spätschicht lösen uns ab. Es ist ziemlich hart, in der Altenpflege zu arbeiten. Die Schulzeit war viel lockerer. Jetzt muß ich oft am Wochende ran. Ich habe nur einen freien Tag pro Woche und bekomme 400 Mark im Monat. Ein Sozialarbeiter verdient ungefähr 1800 Mark. Aber ich habe ein gutes Gefühl. Die alten Menschen sind wie gute Bekannte. Sie brauchen Hilfe und sind auch dankbar dafür. Ich nehme meine Arbeit im Heim sehr ernst. Nächstenliebe ist ein Prinzip, das ich wichtig finde – für alles, was man tut.

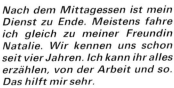

13.30 Uhr

Nach dem Mittagessen ist mein Dienst zu Ende. Meistens fahre ich gleich zu meiner Freundin Natalie. Wir kennen uns schon seit vier Jahren. Ich kann ihr alles erzählen, von der Arbeit und so. Das hilft mir sehr.

a When does his duty start?
b What are his first jobs?
c What does he do at 9 o'clock?
d What happens at 9.30?
e Why doesn't he live in the home?
f What has he been taught in his training?
g How does working as a *Zivi* compare with being at school?
h What does he get out of it?
i Does he enjoy the work?
j Who is Natalie?

1 Ein Tag mit Klaus

Write an account of Klaus' day at the children's home, in German, for your school magazine, adding your opinion about what he does and how well he does it.

2 Ein Unfall

You have just seen this accident. Write a report for the police.

1 Zur Bundeswehr oder zum Zivildienst?

Name	Bund/Zivi	Warum

2 Tagesablauf

a Was macht man bei der Bundeswehr?
b Was macht man beim Zivildienst?

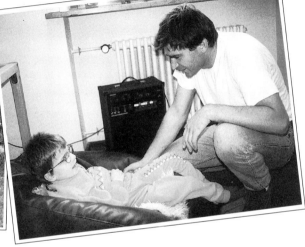

3 Jugendliche äußern sich

Meinst du, daß es eine nützliche Erfahrung ist?

4 Sag mal

Was macht Johanna den ganzen Tag lang?

🕕 6.00 Uhr		🕐 13.00 Uhr	
6.30 Uhr		13.30 Uhr	
🕘 9.00 Uhr		🕓 16.00 Uhr	
9.30 Uhr			
🕦 11.00 Uhr		17.30 Uhr	
11.40 Uhr		🕗 20.00 Uhr	

19 Soldat oder Zivi?

1 **You should be able to:**

talk about national service;
talk about helping others;
talk about people with handicaps;
talk about daily routine;
say what you have done and are going to do;
say what someone else has done or is going to do;
discuss topical issues and give opinions;
talk about your hopes and fears;
write a report or account;
know which tense of the verb to use;
read and understand an extended text in German.

2 **a** Wer muß zur Bundeswehr oder zum Zivildienst?
   b Wie lange dauert das?
   c Wirst du später zur Bundeswehr gehen oder zum Zivildienst?
   d Was macht man in Deutschland
      (i) bei der Bundeswehr?
      (ii) beim Zivildienst?
   e Meinst du, daß es eine nützliche Erfahrung ist?
   f Wovor hast du Angst?

3 **Ein Interview**

Was machst du eigentlich den ganzen Tag?
Was machst du an einem normalen Tag und in den Ferien?

a zwischen 6.00 Uhr und 8.00 Uhr
b zwischen 8.00 Uhr und 13.00 Uhr
c zwischen 13.00 Uhr und 17.00 Uhr
d zwischen 17.00 Uhr und 21.30 Uhr
e zwischen 21.30 Uhr und 23.30 Uhr

Kapitel 20

Servus Bayern

Servus Bayern

Der Freistaat Bayern ist das flächengrößte
Bundesland; es ist etwa so groß wie Belgien
und die Niederlande zusammen. Es grenzt im
Süden an Österreich und im Osten an die
Tschechoslowakei. Mitten im Alpenvorland
liegt die Landeshauptstadt München.

Bayern ist ein wunderschönes und
abwechslungsreiches Land.
Hier kann man Skifahren und schwimmen
gehen, segeln und radfahren, Kayak fahren
und Schlittschuhlaufen, bergsteigen und
windsurfen. Hier kann man romantische alte
Schlösser besichtigen und die neueste
Architektur bewundern.

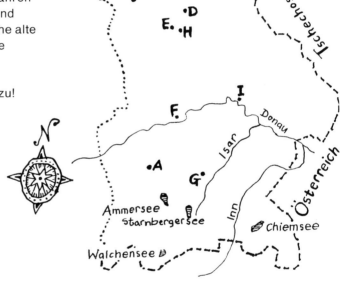

● Ordne die Städte den Buchstaben zu!

Augsburg	Ingolstadt
Bamberg	München
Bayreuth	Nürnberg
Erlangen	Regensburg
Fürth	Würzburg

 ## Tatsachen über Bayern

Wie ist die Einwohnerzahl? Ordne die Städte der Größe nach.

Was wißt ihr denn sonst alles über Bayern?

Prominente Bayern

LUDWIG II (ges. 1886) Märchenkönig, der das Schloß Neuschwanstein gebaut hat.
PETER HENLEIN (1480–1542) Erfinder der Armbanduhr.
GEORG SIMON OHM (1787–1854) Physiker.
ALBRECHT DÜRER (1471–1528) Maler.
HANS HOLBEIN (1497–1543) Maler (Hofmaler Heinrichs VIII in London).
FRANZ JOSEF STRAUß (1915–1988) Politiker und bayerischer Ministerpräsident.

Wandern Sie mit . . .

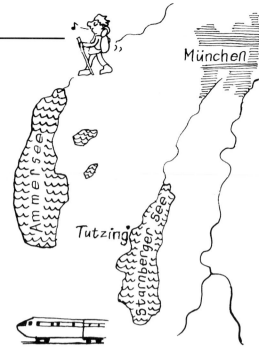

Wandern mit dem MVV (Münchner Verkehrs-verband) – das ist Erholung im schönen Münchner Umland für wenig Geld und ohne Streß und Stau – das ganze Jahr über: am Wochenende, am freien Tag, im Urlaub. Ihre ideale Wanderfahrkarte, ein 24-Stunden-Ticket, für das ganze Gebiet.

Steigen Sie ein beim MVV.

Das Münchner Umland bietet in allen Himmels-richtungen reizvolle, vielfältige Landschaften mit einer Fülle von Sehenswürdigkeiten. Alljähr-lich finden in diesem schönen Gebiet viele Tausende Wanderfreude, Naturerlebnis und Erholung.

Den Wanderfreunden bietet der MVV, von 34 Wanderbahnhöfen ausgehend, über hundert markierte Wanderwege mit insgesamt mehr als tausend Kilometer Länge. Diese Wanderwege sind alle ohne Auto zu erreichen.

Fahrrad am Bahnhof

Die Deutsche Bundesbahn vermietet an vielen S-Bahnhöfen Fahrräder. Zum Abschluß des Mietvertrages bitte den Personalausweis mitnehmen.

Graf Bf*   Tel. 08092 1945
Herrsching Tel. 08152 426
Tutzing*   Tel. 08158 6328
Starnberg Tel. 08151 7557
Erding   Tel. 08122 1754

Fahrräder, die bei einem mit diesem Zeichen * gekennzeichneten S-Bahnhof gemietet werden, können bei einem anderen, mit demselben Zeichen versehenen, S-Bahnhof zurückgegeben werden.

Für weitere Informationen sind Prospekte von der DB zu erhalten.

- You are organising a small school trip to Bavaria this summer to see some of the places you have been to with *Lernexpress 2*.
  Decide:

  a where you are going to go;
  b how you are going to travel;
  c where you are going to stay.

  Write letters asking for the information and brochures you would need.

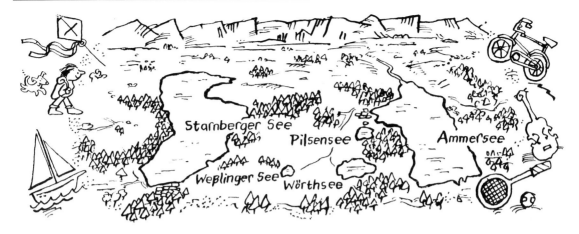

Das Fünfseenland

Hier hat man alles . . . und nur eine halbe Stunde mit der S-Bahn von München entfernt!

Ich bin hier geboren und arbeite in München als Arzt, und mir gefällt es hier ausgesprochen gut, weil wir hier sehr viele Sportmöglichkeiten haben. Wir können Segeln gehen, wir können auf die Berge steigen, wir können Skifahren gehen und wir können viel, viel wandern.

Hier hat man eigentlich alles. Hier hat man viel Natur. Hier hat man München vor der Tür, was eigentlich alles zu bieten hat – Theater, Konzerte. Und dann haben wir auch viele Diskotheken und Möglichkeiten zum Weggehen am Abend.

Was hat man hier?

WIEDERHOLUNG   Wie ist es bei euch?

Wohnst du in einer Stadt oder auf dem Land? Beschreib den Ort, wo du wohnst.
Was für Sport- und Freizeitmöglichkeiten gibt es in der näheren Umgebung? Vergleich deinen Wohnort mit Bayern.

IM URLAUBSPARADIES

Nah bei München, in Oberbayern, liegt der Starnberger See, der größte See des Fünfseenlandes. Tennis, Squash, Golf, Segeln, Surfen, Tauchen, Wildwasserfahren, Bodybuilding oder Fitnesstraining – Sport für die ganze Familie.

Die bewaldete Hügellandschaft bietet dem Besucher unzählige Rad- und Wanderwege, wie z.B. der König-Ludwig-Weg mit einer Gesamtlänge von 110 km, oder die Königlich-Bayerische-Radtour. (Während Sie radeln oder wandern, werden die Koffer bereits in die gebuchte Unterkunft befördert.)

Dank einer Wassersäuberungs-Initiative und einer Investition von vielen Millionen Mark, hat sein Wasser auf weiten Strecken die Güteklasse 1. Hier kann man segeln, surfen, tauchen und Wildwasser fahren. Wenn man keine Lust mehr auf Wassersport hat, gibt es auch Tennis, Squash, Golf, Bodybuilding oder Fitnesstraining.

Starnberg

Mit Alpensicht und Seeblick liegt Starnberg am nördlichen Ufer des Starnberger Sees.

Ein Bummel über die Seepromenade, Schiffsrundfahrten, Elektroboote und Ruderboote, Blasmusik im Schloßgarten, Sommernachtsfeste mit Musik und Tanz, Feuerwerke am See, gepflegte Bars, gemütliche Bistros, flotte Diskotheken und eine vielseitige Gastronomie vervollständigen das reichhaltige Angebot.

Ideal für Wasserratten ist der Starnberger Wasserpark mit seinem Strandbad, einem modernen Hallenbad mit Wasserrutsche, Sauna, Dampfbad, Whirlpool und Solarium. Am Ostufer des Sees, in zehn Minuten auch zu Fuß zu erreichen, lädt das Erholungsgebiet Kempfenhausen zum Surfen und Baden ein.

- You are going to suggest that your *Reisegruppe* should spend a few days on the Starnbergersee.
  Summarise the attractions and facilities, and suggest some of the things that you might do there during the day and in the evening.

| sich an jemanden heranmachen | *to chat up* |

10. Französische Woche

Starnberg ist die Partnerstadt von Dinard in Frankreich und einmal im Jahr findet die französische Woche statt.

Wie wird die französische Woche gefeiert?

Seit wann feiert Starnberg eine französische Woche?
Wann wird die Feier eröffnet?
Um wieviel Uhr kann man Jaques Pineau hören?
Was für gastronomische Spezialitäten und Veranstaltungen werden angeboten?

For how many years has Starnberg been having a French week?
When do the festivities begin?
What are the times of Jacques Pineau's performances?
What gastronomic delights are on offer? What entertainment is being provided?

Surfen

Wie lange dauert der Surfkurs?	*How long is the course?*
Wieviel kostet er und was kriegt man dafür?	*How much does it cost and what do you get for your money?*
Was muß man mitbringen?	*What do you have to bring?*
Wo muß man sich melden?	*Where do you sign up?*

- You want to have a go. Prepare what you would say.
  You are going to ring the number given and ask if there is room on the
  course for you and a friend at the weekend.
  Your friend doesn't speak much German. Find out if one of the instructors
  speaks some English.

Du möchtest eine Privatstunde haben. Wieviel kostet sie?
Surfen kannst du schon aber du hast kein Brett dabei. Wieviel kostet ein Brett pro Stunde?

Sonja macht einen Surfkurs

1 Sonja zeigt, wie stark sie ist.

2 Sonja findet heraus, was sie machen muß.

4 Guck mal! Es ist einfach.

3 Sonja kommt sich etwas blöd vor.

5 Es geht.

Wie war das Wetter?
Was hatte Sonja an?
Wie hat sie surfen gelernt?
Hat es ihr Spaß gemacht?
Hast du mal gesurft?

6 Ich glaube, ich hab's geschafft ...

Zu den Königsschlössern

Einen Tagesausflug zu den Königsschlössern

Ludwig II, auch der Märchenkönig genannt, hat mehrere Schlösser bauen lassen. In der Nähe von Oberammergau liegt das Schloß Linderhof. Sehenswert sind die Rokokodekorationen und die wunderschönen Gartenanlagen. Das Schloß Neuschwanstein ist bei Füssen. Besonders sehenswert sind die Außenansicht und der Thronsaal. Neuschwanstein konnte er bis zu seinem Tod nicht fertigstellen lassen. Am 13. Juni 1886 ertranken Ludwig und sein Arzt im Starnbergersee unter mysteriösen Umständen. Noch heute versammeln sich seine Getreuen an diesem Tag vor dem Gedenkkreuz im See.

Schloß Linderhof ist im Sommer von 9.00 Uhr bis 12.15 Uhr und 12.45–17.30 Uhr und im Winter von 10.00–12.15 Uhr und 12.45–16.00 Uhr geöffnet. Die Wasserspiele werden im Sommer jede volle Stunde eingeschaltet. Schloß Neuschwanstein ist im Sommer täglich von 8.30–17.30 Uhr und im Winter von 10.00–16.00 Uhr geöffnet.

Where are Neuschwanstein and Linderhof castles situated?
What special features are mentioned?
Who built the castles and about when were they built?
What do you know about him?
What are the summer and winter opening times of the castles?

🎧 Tracht

Was tragen die Männer?

Was tragen die Frauen?

WIEDERHOLUNG

MASK.	FEM.	NEUT.	PLURAL
einen grünen . . .	eine grüne . . .	ein grünes . . .	grüne . . .

Trachten hat man immer gehabt – und es hat sich nicht viel geändert.

Hast du eine Tracht?

Wo trägt man sonst noch Trachten?

Kannst du eine Tracht beschreiben?

Kannst du eine skandinavische Tracht beschreiben?

Was tragen die Einheimischen auf Hawaii?

Zwei Wochen in Bayern

Eine Radtour

Langsett School – Year II
Trip to Germany 14 July – 28 July

All accommodation is in youth hostels or on campsites.

Sunday 14 July	Arrive in Munich 8.43 a.m. on overnight train from Ostend.
Monday 15 July	City tour: *Marienkirche*, *Viktualienmarkt* and *Rathaus*, finishing up in *Englischer Garten*! Evening visit to Schwabing.
Tuesday 16 July	Visit *Olympiapark* in the morning and film studios in the afternoon.
Wednesday 17 July	S-Bahn to Tutzing on the Starnbergersee. Swimming, windsurfing, sailing etc.
Thursday 18 July	Relax by the lake!
Friday 19 July	Hire bicycles and camping gear and set off through the Werdenfelser Land to the Alps! Camp at Riegsee. Optional visit to *Freilichtmuseum* at Glentleiten to see a 17th century farming community.
Saturday 20 July	Pedal on to Oberammergau. Camp outside town. Stay there till Tuesday.
Sunday 21 July	Give our bottoms and legs a rest. We stay in Oberammergau and spend day looking round the town, home of the 10-yearly *Passionsspiel*.

Monday 22 July	Day trip to Linderhof castle, by bus!
Tuesday 23 July	Back on the bikes and on to Garmisch-Partenkirchen.
Wednesday 24 July	Trip up the Zugspitze if the weather is good, by train to Mittenwald and a visit to the *Geigenbauschule* if not.
Thursday 25 July	Early start. By bike to Walchensee.
Friday 26 July	Over the Altjoch to Kochel and train back to Tutzing to return the bikes and camping gear. Stay in youth hostel.
Saturday 27 July	Train to Munich and leave on the overnight sleeper for Ostend.

- Svenja war noch nie in Süddeutschland und möchte gerne mitfahren. Stell ihr einen Zeitplan zusammen (auf deutsch) und eine Liste an Kleidern usw., die sie mitbringen soll.

- Heute ist Dienstag, der 16. Juli. Was hast du schon gemacht? Schreib eine Postkarte an Sonja und sag ihr, wie es dir geht.

- Als ihr in München wart, habt ihr Klaus am Abend kurz kennengelernt. Heute ist Montag, der 22. Juli. Schreib ihm einem Brief und erzähl ihm, was ihr seit München alles gemacht habt. Wie ist das Wetter? Wie geht es euch nach dem vielen Radfahren?

Wie bitte?

Es tut mir leid.	Wie schreibt man das?
Verzeihung.	Wie buchstabiert man das?
Entschuldigen Sie bitte.	Wie bitte?
Entschuldigung.	Ich habe das nicht richtig gehört.
Ich verstehe nicht.	Ich habe das nicht mitgekriegt.
Ich weiß es nicht genau.	Ich habe das nicht verstanden.
Wie schreibt man das?	Können Sie das bitte erklären?
Sprechen Sie bitte langsamer.	Die Verbindung ist schlecht.
Sprechen Sie Englisch?	Ich verstehe kein Wort.
Wie heißt das auf englisch?	Können Sie das bitte wiederholen?
Weiß jemand, wie das auf englisch heißt?	Nochmal, bitte.

● Vervollständige den Dialog.

Maria.

MARIA

Tischler.

TISCHLER

Eppendorf, Hamburg 4.

Ja, doppel P.

Am vierundzwanzigsten März
neunzehnhundertvierundsiebzig.

Vierundzwanzigsten März
neunzehnhundertvierundsiebzig.

Mode Designerin.

In München.
Vielen Dank. Auf Wiedersehen.

Dialect!

Der Ostfriese bei einer Quizsendung.
Quizmaster: *Wer hat die Dampfmaschine erfunden?*
Der Ostfriese: *Wat?*
Quizmaster: *Sehr gut. Sie haben gewonnen.*

Vater zu seinem Sohn:
Bald kommt der Storch zu uns. Hättest du lieber a Brüderl oder a Schwesterl?
Wenn's d' Mama net dagegen hat, wäre mir a Schaukelpferd liaba!

WIEDERHOLUNG

Fragen

Wie?
Wieviel?
Wie oft?
Wie geht es . . .?
Wie komme ich . . .

Wo?
Woher?
Wozu?
Womit?
Wofür?

Wann?
Um wieviel Uhr?

Was?

Was für?
Wer?
Welche(r)?

Warum?

Hast du?
Haben Sie?

● Vervollständige die Dialoge.

In der Bank

Was möchten Sie?

Welchen Betrag?

Wieviel Geld?

Ein Pfund ist 2.58 DM.
Das macht 516 DM.
Gehen Sie bitte zur Kasse.

Beim Arzt

Was ist mit dir los?

Wo tut es weh?

Seit wann hast du das?

Hast du auch Fieber?

Ich verschreibe dir Tabletten.

Dreimal am Tag, vor dem Essen.

● Vervollständige die Fragen.

. . . kostet das?
. . . wohnen Sie?
. . . fährt der Zug?
. . . kommen Sie?
. . . ein Hund hast du?
. . . Fächer machst du gern?
. . . kaufst du?
. . . kommt?
. . . hast du heute an?
. . . Ihnen?
. . . am besten zum Bahnhof?

Am Bahnhof

Nach Köln? Um 10.45 Uhr.

Um 17.24 Uhr.

Nein. Der Zug fährt direkt.

Gleis 4.

Nein. Nach Frankfurt.
Der Zug nach Köln hat Verspätung.

Auf der Straße

Zum Bahnhof? An der Ampel rechts und immer geradeaus.

Ja. Zwanzig Minuten zu Fuß.

Mit der Straßenbahn.

14.

Dort drüben.

Alle 12 Minuten.

Im Souvenirladen

Was wünschen Sie?

Welche Farbe?

59.50 DM.

18.40 DM oder 12.50 DM.

Sonst noch etwas?

Wieviel möchten Sie zahlen?

Das Glas kostet 8.50 DM und der Krug kostet 10.80 DM.

Ja, natürlich.
Bitte schön. Auf Wiedersehen.

Am Telefon

Was machst du heute Abend?

Gehen wir ins Kino?

Zurück zu der Zukunft 3.

Michael J. Fox.

Um 18.00 Uhr.

Um 2.30 Uhr.

An der Bushaltestelle.

Um 19.45 Uhr.

Tschüs!

In der Metzgerei

Wer ist jetzt dran?

Was wünschen Sie?

Sonst noch etwas?

Nein, leider nicht.

44.50 DM. Haben Sie vielleicht ein 50 Pf-Stück?

Auf Wiedersehen.

Wie hießen die Fragen?

Es ist acht Uhr.

25 DM

Einen älteren Bruder und eine jüngere Schwester.

Ja, außer wenn sie in mein Zimmer kommt.

Ich spüle und trockne ab.

Musiksendungen.

Am dritten März.

Mit dem Rad.

Rockmusik.

Zehn Mark.

Der erste Samstag im Monat.

Ich lese gern und gehe gern schwimmen.

Wir sind nach Spanien geflogen.

Nach Mallorca.

In einem kleinem Dorf auf dem Land.

Ich mähe den Rasen.

Es hat geregnet.

Um sieben Uhr vor dem Kino.

Gut danke, und Ihnen?

Tischtennis und Schwimmen.

Englisch und Erdkunde.

Mit doppel 's'.

Mein Vater mag keine Tiere.

Einen Rauhaardackel.

In einem Mehrfamilienhaus.

Mathe!

Ich möchte Zahnärtzin werden.

Mein Vater ist Kraftwagenfahrer und meine Mutter ist Kinderpflegerin.

Die erste Straße rechts und die Post ist auf der linken Seite.

Klischees

Der typische Bayer ...

stolz

groß

gemütlich

freundlich

ein ruhiger Mensch

dick

nicht hektisch

hochnäsig

etwas langsam

gesellig

Wie sieht man den Bayern?
Kannst du den typischen Schotten beschreiben?
Was trägt der typische englische Tourist?
Gibt es einen typischen Australier?
Wie sieht ein typischer Amerikaner aus?
Wie stellst du dir den typischen Franzosen vor?

ZUM JUX!

Warum kaufen die Schotten
nie einen Kühlschrank?

Weil sie nicht glauben, daß
das Licht ausgeht, wenn die
Tür geschlossen wird.

 Ein typischer ...?

LESEPROGRAMM

1 Notrufe

Notrufe
Überfall, Verkehrsunfall . . 1 10
Feuerwehr
Feuer, Unfall 1 12
Krankentransporte
Liegend-Transporte . . . 1 92 22
Stadtwerke
Wasser, Gas, Strom,
Fernwärme . . . . . . 3 83 - 0
Entstörungsstelle . 3 83-24 44

Ärzte-Notdienst
An der Petrikirche 1
3300 Braunschweig
Telefon für Notfälle . . . 4 40 33
Täglich von 20 bis 7 Uhr
Fr. von 20 bis Mo. 7 Uhr

Zahnärzte
Sonntag, 21. August
(10 bis 12 Uhr)
Dr. Matheis, BS-Rautheim
Paxmannstraße 3 . . . . 6 21 18

Tierärzte
Sonntag, 21. August
Tierärztin U. Schüerholz 34 74 24
(Tel. Vereinbarung erbeten)

Kinderärzte
Sonntag, 21. August
Kinderärztlicher Notfalldienst:
Von 8 bis 14 Uhr und 16 bis 22 Uhr
Dr. Gerkrath . . . . . (0 53 07)
(nach tel. Voranmeldung) . 50 71

Augenärzte
Sonntag, 21. August
Augenärztl. Notdienst: Rufnummer u. **Adresse** zu erfragen über
den ärztl. Notdienst . . . 4 40 33

Apotheken
Sonntag, 21. **August**
Schloßapotheke
Bohlweg 67/68 . . . . . 4 63 80

What number should you ring for
a the fire brigade?
b a chemist open on a Sunday?
c the vet?
d a dentist? When is he available?
e a children's doctor? When is he available?
f an ambulance?

2 Aus Lernexpress

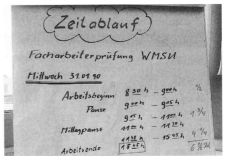

Which chapter are these photos from?

Winterferien
In den Bergen
München stellt sich vor
Wir treiben Sport
Du bist was du ißt
Kleider machen Leute
Was möchtest du später werden?
Funk, Film und Fernsehen
Soldat oder Zivi?
Servus Bayern!

3 Mickey Mouse wird Rentner

Die ganze Welt feierte im Jahre 1988 den 60ten Geburtstag der weltberühmten Maus, die eigentlich jetzt im Rentenalter ist. Der erste Zeichentrickfilm mit der Maus hieß *Steamboat Willie* und wurde im Jahre 1928 am New York Broadway aufgeführt.

Der erste, in einer Tageszeichnung veröffentlichte Mickey-Comic-Strip erschien 1930 und erreichte bald Millionen von Leser in aller Welt. Am 1. September 1951 erschien die erste deutsche Ausgabe der Mickey-Mouse-Hefte. In China heißt die Maus übrigens *Mi Lao Shu* und in Italien *Topolino*.

a What was celebrated in 1988?

b What or who is *Steamboat Willie*?

c When did the first film appear?

d What appeared in 1930 and 1951?

e What is *Mi Lao Shu*?

4 Rock in Deutschland

Die Deutsch-Rocker werden immer beliebter. Vor wenigen Jahren mußten die Künstler ausschließlich auf englisch singen, um Erfolg zu haben. Das hat sich mittlerweile geändert. Deutscher Rock singt jetzt auf deutsch.

a In order to have any chance of success, what did the German rock singers have to do?

b What has changed?

5 Jugendliche im Streß

Wissenschaftler haben festgestellt, daß 54 Prozent der Realschüler und 53 Prozent der Gymnasiasten Schwierigkeiten mit den Eltern und dadurch einen großen Streß haben, wenn sie schlechte Zensuren nach Hause bringen. Ein Trost: Einstein, Churchill und Bismarck sind auch einmal sitzengeblieben!

a With whom and why do the pupils have a lot of stress?

b From what should they derive comfort?

6 Geisterfahrer auf der Ringstraße – 13 000 DM Schaden

Ein 75-jähriger Geisterfahrer verursachte Mittwoch gegen 21 Uhr einen Unfall auf der Ringstraße. Er war an der Isarbrücke auf die Ringstraße aufgefahren und fuhr in Richtung Innenstadt, entgegen der Fahrtrichtung nach Garmisch-Partenkirchen. Nach kurzer Fahrt kam es zu einem Unfall mit dem Wagen eines 25jährigen Münchners. Es entstand ein Schaden in Höhe von 15 000 DM.

a In which direction was the man driving?

b How did he cause the accident?

c When did the accident happen?

d Where did it take place?

SCHREIBPROGRAMM

Anschriften für weitere Informationen

Fremdenverkehrsverband
   Fünfseenland
Kirchplatz 3, 8130 Starnberg

Fremdenverkehrsverband
   Fünfseenland
Kirchenstraße 9, 8132 Tutzing

1 You are hoping to go on holiday to Munich with your family and would rather stay outside Munich in the country and travel in by public transport.
Write for information about facilities, accommodation and ask where they would advise you to stay to be in easy reach of Munich.

2 You are organising a trip to Bavaria for a group of 12 schoolfriends. You will be accompanied by a teacher and her husband. You want to stay somewhere cheap, e.g. a youth hostel, and you want to hire bikes and tour the area. Ask for information which would be helpful to you and brochures of the area.

3 Write to the youth hostel in Tutzing and ask to book accommodation for your group for the 18th–25th July. You also want to know if you can hire sleeping bags and if you can get an evening meal in the youth hostel.

1 In den Ferien

Alois spricht über die Ferien.
Wo ist er hingefahren und was hat er dort gemacht?

Juli

	22 Montag
	23 Dienstag
	24 Mittwoch
	25 Donnerstag
	26 Freitag
	27 Samstag
	28 Sonntag

2 Tracht?

Wer trägt eine *Tracht*? Wann tragen sie ihre Tracht?

NAME	Was?	Wann?	Wo?
Jochen Annette Oskar Shamin			

3 Wassersportarten

Was sind ihre Lieblingswassersportarten?
Was erzählen sie sonst über diese Sportarten?

LERNZIELKONTROLLE

1 You should be able to:

talk about Bavaria;

talk about your local area, and say what you like
   or don't like about it;

talk about water sports;

talk about the sights and holidays;

talk about local traditions and pride in them;

ask questions and express opinions;

say what you have done and are going to do;

cope in various situations e.g. at the doctors and in the bank;

read simple announcements and reports in magazines
   or newspapers;

understand public and street signs;

be able to ask for help in dealing with situations for which
   you don't have the necessary

vocabulary e.g. say you haven't understood
   or haven't heard;

ask someone to speak more slowly;

ask what something is in German or in English.

2 Ein Interview

Woher kommst du?

Was für eine Sportart treibst du?

Was gefällt dir an dieser Sportart?

Wie bist du dazu gekommen?

Was für eine Ausrüstung brauchst du?

Wie würdest du den typischen Bayern beschreiben?

Wie würdest du den typischen (Engländer usw.) beschreiben?

Was kannst du über deinen Wohnort erzählen?

Brainstorming

Überlegt euch so viel Wörter wie möglich zu:

Traumurlaub	der typische Bayer
Skiurlaub	Bundeswehr
Diät	das schöne Land Bayern
die Tracht	Berufswunsch
Zivildienst	das Filmstudio
Sportarten	Mode

Bildet dann mit einigen dieser Wörter sinvolle Sätze!

Warum habt ihr denn Deutsch gelernt?

Eine kurze Grammatik

Articles (*the* and *a*)

	MASK.	FEM.	NEUT.	PLURAL
NOMINATIV	der	die	das	die
AKKUSATIV	den	die	das	die
GENITIV	des	der	des	der
DATIV	dem	der	dem	den
NOM.	ein	eine	ein	viele
AKK.	einen	eine	ein	viele
GEN.	eines	einer	eines	vieler
DAT.	einem	einer	einem	vielen
NOM.	kein	keine	kein	keine
AKK.	keinen	keine	kein	keine
GEN.	keines	keiner	keines	keiner
DAT.	keinem	keiner	keinem	keinen

Nominative (*Nominativfall*)

	MASK.	FEM.	NEUT.	PLURAL
THE	der	die	das	die
A	ein	eine	ein	(keine)

Accusative *(Akkusativfall)*

der → den   der Pullover → Ich kaufe **den** Pullover.
ein → einen   ein Bruder   → Ich habe ein**en** Bruder.

Dative *(Dativfall)*

der → dem   der Bus   → **mit dem** Bus
die → der   die Straßenbahn → **mit der** Straßenbahn

ein → einem   ein Hund   → **mit einem** Hund
eine → einer   eine Katze → **mit einer** Katze

Adjectives

This table shows the adjective agreements when there is no article:

	MASK.	FEM.	NEUT.	PLURAL
NOM.	blauer Himmel	kalte Milch	grünes Gras	braune Augen
AKK.	blauen Himmel	kalte Milch	grünes Gras	braune Augen
GEN.	blauen Himmels	kalter Milch	grünen Grases	brauner Augen
DAT.	blauem Himmel	kalter Milch	grünem Gras	braunen Augen

Adjective agreement after *ein, mein, dein, sein, ihr, unser, euer* and *kein*:

	MASK.	FEM.	NEUT.	PLURAL
NOM.	ein blauer Pullover	eine blaue Bluse	ein blaues Buch	meine blauen Tassen
AKK.	einen blauen Pullover	eine blaue Bluse	ein blaues Buch	meine blauen Tassen
GEN.	eines blauen Pullovers	einer blauen Bluse	eines blauen Buchs	meiner blauen Tassen
DAT.	einem blauen Pullover	einer blauen Bluse	einem blauen Buch	meinen blauen Tassen

Adjective agreement after *der, die* and *das*:

	MASK.	FEM.	NEUT.	PLURAL
NOM.	der blaue Stuhl	die blaue Jacke	das blaue Haus	die blauen Karten
AKK.	den blauen Stuhl	die blaue Jacke	das blaue Haus	die blauen Karten
GEN.	des blauen Stuhls	der blauen Jacke	des blauen Hauses	der blauen Karten
DAT.	dem blauen Stuhl	der blauen Jacke	dem blauen Haus	den blauen Karten

Possessive adjectives

	MASK.	FEM.	NEUT.	PLURAL
MY	mein	meine	mein	meine
YOUR	dein	deine	dein	deine
HIS	sein	seine	sein	seine
HER	ihr	ihre	ihr	ihre
ITS	sein	seine	sein	seine
OUR	unser	unsere	unser	unsere
YOUR	euer	eure	euer	eure
THEIR	ihr	ihre	ihr	ihre
YOUR (polite)	Ihr	Ihre	Ihr	Ihre

Grammatik

In the other cases these have the same endings as the articles:

MY	MASK.	FEM.	NEUT.	PLURAL
NOM.	mein	meine	mein	meine
AKK.	mein**en**	meine	mein	meine
GEN.	. mein**es**	mein**er**	mein**es**	mein**er**
DAT.	mein**em**	mein**er**	mein**em**	mein**en**

Prepositions

LIST A (dat. or acc.)		LIST B (dat.)		LIST C (acc.)		LIST D (gen.)	
an	*at/on*	aus	*from*	bis	*until*	statt	*instead of*
auf	*on*	außer	*except*	durch	*through*	trotz	*in spite of*
hinter	*behind*	bei	*at*	für	*for*	während	*during*
in	*in*	gegenüber	*opposite*	gegen	*against*	wegen	*because of*
neben	*near*	mit	*with*	ohne	*without*		
über	*above*	nach	*after/to*	um	*around*		
unter	*under*	seit	*since*	entlang	*along*		
vor	*in front of*	von	*from*				
zwischen	*between*	zu	*to*				

The prepositions in List A are used with the dative or the accusative case.
The accusative case is used to show change or 'action' and the dative is used to indicate 'place' or 'rest':

Der Hund **springt auf das** Bett.
Der Hund **schläft auf dem** Bett.

The prepositions in List B are used with the dative case:
Ich treffe mich **mit** mein**em** Freund.

The prepositions in List C are used with the accusative case:
Ich habe ein Geschenk **für** mein**en** Vater gekauft.

The prepositions in List D are used with the genitive case:
Während des Abend**s** hat es geregnet.

This table shows the endings associated with each case:

	MASK.	FEM.	NEUT.	PLURAL
NOM.	(–)	-e	(–)	-e
AKK.	-n	-e	(–)	-e
GEN.	-s	-r	-s	-r
DAT.	-m	-r	-m	-n

Notice also the following:

in	+	das	→	ins
an	+	das	→	ans
zu	+	der	→	zur
in	+	dem	→	im
an	+	dem	→	am
zu	+	dem	→	zum

Pronouns

NOM.	ich *I*	du *you*	er *he*	sie *she*	es *it*	wir *we*	ihr *you*	sie *they*	Sie *you (pol.)*
AKK.	mich *me*	dich *you*	ihn *him*	sie *her*	es *it*	uns *us*	euch *you*	sie *them*	Sie *you*
DAT.	mir *to me*	dir *to you*	ihm *to him*	ihr *to her*	ihm *to it*	uns *to us*	euch *to you*	ihnen *to them*	Ihnen *to you (pol.)*

Relative pronouns

	MASK.	FEM.	NEUT.	PLURAL
NOM.	der	die	das	die
AKK.	den	die	das	die
GEN.	dessen	deren	dessen	deren
DAT.	dem	der	dem	den

Nominative

Das ist der Mann, **der** in München wohnt.
Das ist die Frau, **die** in München wohnst.
Das ist das Mädchen, **das** in Hamburg wohnt.
Das sind die Schüler, **die** in Hamburg wohnen.

Accusative

Das ist der Hund, **den** ich gestern gesehen habe.
Das ist die Zeitung, **die** ich gestern gelesen habe.

Genitive

Das ist der Mann, **dessen** Sohn gut Skifahren kann.
Das ist die Frau, **deren** Mann Fußball spielt.

Dative

Das ist die Frau, **der** ich geholfen habe.
Das ist der Mann, **dem** ich geholfen habe.

Conjunctions

These words introduce a clause. They send the verb to the end.

als *when*   da *as/because*
bevor *before*   daß *that*
nachdem *after*   ob *whether*
weil *because*   wenn *if/when*
Ich war müde, **weil** ich sehr viel gelernt **habe**.

Verbs

Present tense (*Präsens*)

Regular (Weak) verbs

MACHEN	SINGULAR	PLURAL
1ST PERSON 2ND PERSON 3RD PERSON	ich mache *I do* du machst *you do* er/sie macht *he/she does*	wir machen *we do* ihr macht *you do* sie machen *they do*
POLITE	Sie machen *you do*	

Irregular (Strong) verbs

With irregular (strong) verbs, the irregularity shows up in the 2nd and 3rd persons singular.

FAHREN	SINGULAR	PLURAL
1ST PERSON 2ND PERSON 3RD PERSON	ich fahre *I go* du fährst *you go* er/sie fährt *he/she goes*	wir fahren *we go* ihr fahrt *you go* sie fahren *they go*
POLITE	Sie fahren *you go*	

NEHMEN	SINGULAR	PLURAL
1ST PERSON 2ND PERSON 3RD PERSON	ich nehme *I take* du nimmst *you take* er/sie nimmt *he/she takes*	wir nehmen *we take* ihr nehmt *you take* sie nehmen *they take*
POLITE	Sie nehmen *you take*	

More examples

Some other verbs which take an *Umlaut* in the 2nd and 3rd persons singular:

fallen → fällt *to fall*
halten → hält *to stop*

lassen → läßt *to leave*
tragen → trägt *to wear*

Some other verbs which have a vowel change:

essen → ißt *to eat*
lesen → liest *to read*

sehen → sieht *to see*
sprechen → spricht *to speak*

Some other verbs which don't follow the usual pattern:

wissen: ich weiß *to know*
sein: ich bin *to be*

können: ich kann *to be able to*
dürfen: ich darf *to be allowed to*

Future tense (*Zukunft*)

The future tense is made by using the verb *werden* and the infinitive. The infinitive goes to the end of the sentence.

I will go.   *Ich werde gehen.*

I will buy a new coat.
  Ich werde einen neuen Mantel kaufen.

WERDEN	SINGULAR	PLURAL
1ST PERSON 2ND PERSON 3RD PERSON	ich werde du wirst er/sie wird	wir werden ihr werdet sie werden
POLITE	Sie werden	

Past tense (*Perfekt*)

This is the tense most often used in spoken German when talking about something which has happened in the recent past.

How to form the past participle

Regular (Weak) verbs:

INFINITIVE	PAST PARTICIPLE
tanzen	**ge** + tanz + **t**
machen	**ge** + mach + **t**

Irregular (Strong) verbs:

INFINITIVE	PAST PARTICIPLE
kommen	**ge** + komm + **en**
trinken	**ge** + trunk + **en**

Some verbs use the auxiliary verb *haben*

The auxiliary verb *haben*	+ past participle
ich habe *I have* du hast *you have* er/sie hat *he/she has* wir haben *we have* ihr habt *you have* sie haben *they have* Sie haben *you have*	+ getanzt *danced*

Some verbs use the auxiliary verb *sein*

The auxiliary verb *sein*	+ past participle
ich bin du bist er/sie ist wir sind ihr seid sie sind Sie sind	+ gefahren *went*

Imperfect tense (*Imperfekt*)

The imperfect tense is used for relating events in the past.
It is frequently used in written German but less frequently in spoken German.

Regular (Weak) verbs

MACHEN	SINGULAR	PLURAL
1ST PERSON	ich machte	wir machten
2ND PERSON	du machtest	ihr machtet
3RD PERSON	er/sie machte	sie machten
POLITE	Sie machten	

Irregular (Strong) verbs

NEHMEN	SINGULAR	PLURAL
1ST PERSON	ich nahm	wir nahmen
2ND PERSON	du nahmst	ihr nahmt
3RD PERSON	er/sie nahm	sie nahmen
POLITE	Sie nahmen	

Separable verbs

When they are used in a sentence, these verbs split into their two parts:

fern/sehen	→ Ich sehe fern.	*I watch television.*
auf/stehen	→ Silke steht um sieben Uhr auf.	*Silke gets up at seven o'clock.*
auf/räumen	→ Sie räumt ihr Zimmer auf.	*She tidies up her room.*
sich an/ziehen	→ Ich ziehe mich an.	*I get dressed.*

Modal verbs

The modal verbs are usually used with another verb.

können	*to be able to*	Ich kann nicht schwimmen.
wollen	*to want to*	Ich will nach Hause gehen.
sollen	*to ought to*	Ich soll einkaufen gehen.
dürfen	*to be allowed to*	Ich darf ein Glas Sekt trinken.
mögen	*to like (to)*	Ich mag Schokolade.

Verb tables

Regular (Weak) verbs

INFINITIVE	PRESENT er/sie/es	IMPERFECT ich/er/sie/es	PERFECT TENSE ich	
hören	hört	hörte	habe gehört	to hear
kochen	kocht	kochte	habe gekocht	to cook
machen	macht	machte	habe gemacht	to make
putzen	putzt	putzte	habe geputzt	to clean
spielen	spielt	spielte	habe gespielt	to play
üben	übt	übte	habe geübt ·	to practice

Irregular (Strong) verbs

an/fangen	fängt an	fing an	habe angefangen	to begin
auf/stehen	steht auf	stand auf	bin aufgestanden	to get up
bleiben	bleibt	blieb	bin geblieben	to stay or remain
bringen	bringt	brachte	habe gebracht	to bring
denken	denkt	dachte	habe gedacht	to think
dürfen	darf	durfte	habe gedurft	to be allowed to
ein/laden	lädt ein	lud ein	habe eingeladen	to invite
empfehlen	empfiehlt	empfahl	habe empfohlen	to recommend
essen	ißt	aß	habe gegessen	to eat
fahren	fährt	fuhr	bin gefahren	to go/drive
fallen	fällt	fiel	bin gefallen	to fall
finden	findet	fand	habe gefunden	to find
fliegen	fliegt	flog	bin geflogen	to fly
geben	gibt	gab	habe gegeben	to give
gehen	geht	ging	bin gegangen	to go
gewinnen	gewinnt	gewann	habe gewonnen	to win
haben	hat	hatte	habe gehabt	to have
halten	hält	hielt	habe gehalten	to stop
helfen	hilft	half	habe geholfen	to help
kennen	kennt	kannte	habe gekannt	to know
kommen	kommt	kam	bin gekommen	to come
können	kann	konnte	habe gekonnt	to be able to
lassen	läßt	ließ	habe gelassen	to let
laufen	läuft	lief	bin gelaufen	to run
lesen	liest	las	habe gelesen	to read
liegen	liegt	lag	habe gelegen	to lie
mögen	mag	mochte	habe gemocht	to like
müssen	muß	mußte	habe gemußt	to have to
nehmen	nimmt	nahm	habe genommen	to take
reiten	reitet	ritt	bin geritten	to ride

rufen	ruft	rief	habe gerufen	*to call*
schlafen	schläft	schlief	habe geschlafen	*to sleep*
schließen	schließt	schloß	habe geschlossen	*to shut*
schreiben	schreibt	schrieb	habe geschrieben	*to write*
schwimmen	schwimmt	schwamm	bin geschwommen	*to swim*
sehen	sieht	sah	habe gesehen	*to see*
sein	ist	war	bin gewesen	*to be*
singen	singt	sang	habe gesungen	*to sing*
sitzen	sitzt	saß	habe gesessen	*to sit*
sollen	soll	sollte	habe gesollt	*to be obliged to*
sprechen	spricht	sprach	habe gesprochen	*to speak*
stehen	steht	stand	habe gestanden	*to stand*
steigen	steigt	stieg	bin gestiegen	*to climb*
tragen	trägt	trug	habe getragen	*to wear*
treffen	trifft	traf	habe getroffen	*to meet*
trinken	trinkt	trank	habe getrunken	*to drink*
tun	tut	tat	habe getan	*to do*
vergessen	vergißt	vergaß	habe vergessen	*to forget*
verlassen	verläßt	verließ	habe verlassen	*to leave*
verlieren	verliert	verlor	habe verloren	*to lose*
waschen	wäscht	wusch	habe gewaschen	*to wash*
werden	wird	wurde	bin geworden	*to become*
werfen	wirft	warf	habe geworfen	*to throw*
wissen	weiß	wußte	habe gewußt	*to know*
wollen	will	wollte	habe gewollt	*to want to*
ziehen	zieht	zog	habe gezogen	*to pull*

Past participle without ge-

Verbs beginning with:
  be- emp- ent- er- ge- ver- (beginnen → habe begonnen)

and verbs ending with:
  -ieren (telefonieren → habe telefoniert)

do not take *ge-* in the past participle.

Verbs followed by the dative

Ich danke ihm.   *I thank (to) him.*
Er antwortete mir.   *He answered (to) me.*
Das gefällt mir.   *I like it. (It is pleasing to me.)*
Sie hilft ihrer Mutter.   *She helps (to) her mother.*

Question forms

Was?	*What?*	Warum?	*Why?*
Wer?	*Who?*	Wie?	*How? Pardon?*
Wo?	*Where?*	Wozu?	*What for?*
Welche/r/s?	*Which?*	Woher?	*Where from?*
Was für ...?	*What kind of ...?*	Womit?	*With what?*

ß

ß is used in the middle of a word, when preceded by a long vowel:

Größe   Füße

It is used at the end of a word:

daß   Fluß   Fuß

Vokabular

Englisch – Deutsch

An asterisk marks the verbs.

about (something)   über (etwas) + *acc.*
actually   eigentlich
adult   Erwachsene(r)
(in) advance   im voraus
advantage   der Vorteil(e)
after   nach + *dat.*
(this) afternoon   heute Nachmittag
also   auch
always   immer
* **(I) am ...**   (ich) bin ...
* **(we) are ...**   (wir) sind ...
* **to attend**   besuchen

back   zurück, der Rücken
bad   schlecht
* **begin**   an/fangen (ä/i/a), beginnen (i/a/o)
big   groß
birthday   der Geburtstag
book   das Buch(¨er)
boring   langweilig
* **(I have) bought**   (ich habe ...) gekauft
boy   der Junge(n)
bridge   die Brücke(n)
(my) brother   der (mein) Bruder
* **to buy**   kaufen

* **(I am) called ...**   (ich) heiße ...
* **(I) can ...**   (ich) kann ...
* **Can you ...**   Kannst du ...? Können Sie ...?
by car   mit dem Auto
child   das Kind(er)
clean   sauber
* **to clean**   putzen
club   der Verein
(on the) coast   an der Küste
(in the) country   auf dem Land
curly   lockig

Dear (John)   Lieber ...
Dear (Mary)   Liebe ...
Dear sir   Sehr geehrter Herr
difficult   schwer
* **to do**   machen
door   die Tür(en)
* **to drink**   trinken (i/a/u)

early   früh
* **to earn**   verdienen
* **to eat**   essen (i/a/e)
(this) evening   heute Abend
every day   jeden Tag
excuse me   Entschuldigen Sie, bitte
Entschuldigung

Vokabular

far weit
fast schnell
fat dick
favourite ... Lieblings-
food das Essen
for für + acc.
friend der Freund(e), die Freundin(nen)
* to fly fliegen (ie/o/o)
fun Spaß

game das Spiel(e)
garden der Garten(⁻)
* to get up auf/stehen (e/a/a)
girl das Mädchen(–)
* to go gehen [on foot] (e/i/a)
* to go fahren [by transport] (ä/u/a)
good gut
* (I) got ... (ich habe) ... bekommen/gekriegt
ground floor das Erdgeschoß

* (he/she) has (er/sie) hat
* to have haben
* I haven't a ... Ich habe kein/e ...
* Have you got a ...? Hast du ein/e/en ...?
　　　　　　　　　　　Haben Sie ein/e/en ...?
he/him er/ihn/ihm
* to help helfen (i/a/o) + dat.
her ihr/ihre/ihr
his sein/seine/sein
holidays die Ferien
(at) home zu Hause
home/homewards nach Hause
homework die Hausaufgaben
(in the) holidays in den Ferien
horse das Pferd(e)
how? wie?
How are you? Wie geht es dir/euch/ihnen?
how far? wie weit?
how many? wieviel?

in in + acc. or dat.
in front of vor + dat.
invitation die Einladung(en)
* to invite ein/laden (ä/u/a)

last letzt (-er/-e/-es)
letter der Brief(e)
* I like (playing). Ich (spiele) gern.
* to listen to hören
* I would like ... Ich möchte ...
* to live wohnen
long lang
* I am looking forward to ... Ich freue mich auf ...

man der Mann(⁻er)

May I? Darf ich?
me mich/mir
* to meet treffen (i/a/o)
I meet my friends. Ich treffe mich mit meinen
　　　Freunden.
Miss das Fräulein(–)
Mr der Herr(en)
Mrs die Frau(en)
my mein/meine/mein

near ... in der Nähe von ...
new neu (-er/-e/-es)
next nächst (-er/-e/-es)
nice schön (-er/-e/-es)
night die Nacht(⁻e)

old alt (-er/-e/-es)
on (the wall) an der Wand
on (the table) auf dem Tisch
(in my) opinion meiner Meinung nach
opposite gegenüber + dat.
outside draußen
own eigen (-er/-e/-es)

parents die Eltern
* to play spielen
please bitte
possible möglich
postcard die Postkarte(n), die Ansichtskarte(n)
present das Geschenk(e)
pretty hübsch/schön (-er/-e/-es)

quite ganz

rather ziemlich
* (It is) raining. Es regnet.
* to read lesen (ie/a/e)
* to recommend empfehlen (ie/a/o)
* to ride a bike radfahren (er fährt Rad)
* to ride a horse reiten (ei/i/i)
river der Fluß(⁻sse)
room das Zimmer(–)

sea das Meer
self employed selbständig
she sie
short kurz (-er/-e/-es)
sights die Sehenswürdigkeiten
simple einfach
(my) sister die (meine) Schwester
slowly langsam
small klein (-er/-e/-es)
* (It is) snowing. Es schneit.
sometimes ab und zu, manchmal
soon bald

I'm sorry.   Es tut mir leid.
* to speak   sprechen (i/a/o)
* to spend (time)   verbringen (i/a/a)
* to spend the night   übernachten
spot   der Pickel
* to stay with/live with ...   wohnen bei ... + *dat.*
* to stay/remain   bleiben (ei/ie/ie)
straight (hair)   glatt (-er/-e/-es)
straight ahead   geradeaus
street   die Straße(n)
* to swim   schwimmen (i/a/o)

table   der Tisch(e)
teacher   der Lehrer (in)
than   als
thank you   Vielen Dank
their   ihr/ihre/ihr
them   sie
there is/are   es gibt
they   sie
thin   schlank (-er/-e/-es)
time   die Zeit
to (a place)   zum/zur
to (a country)   nach
today   heute
tomorrow   morgen
too   zu
town   die Stadt(ᵉe)

under   unter + *acc.* or *dat.*
* to understand   verstehen (e/a/a)
usually   gewöhnlich

view   die Aussicht
village   das Dorf(ᵉer)
* to visit   besuchen

* to want to   wollen (ich will)
* (I) was   ich war
* to watch   fern/sehen (ie/a/e) (ich sehe fern)
weather   das Wetter
week   die Woche(n)
* I went to ...   Ich bin ... gegangen.
what?   was?
what kind of ...?   was für ...?
when?   wann? um wieviel Uhr?
where?   wo?
who?   wer?
why?   warum?
with   mit + *dat.*
with what?   womit?
without   ohne + *acc.*
woman   die Frau(en)
* (I) would   ich würde
* to write   schreiben (ei/ie/ie)

yesterday   gestern
you   du/ihr/Sie
young   jung (-er/-e/-es)
your   dein/euer/Ihr

Deutsch – Englisch

An asterisk marks the strong verbs.
An oblique marks the separable verbs.

ab/bauen   to demolish
*ab/biegen   to turn
das Abenteuer(–)   adventure
ab/lehnen   to decline
*ab/nehmen   to take off, to lose weight
der Absatz(ᵉe)   heel
die Abschlußprüfung   leaving exam
ab/sichern   to safeguard
die Abwechslung   change, variety
ähnlich   like, similar
allerlei   all kinds of
allgemein   general
altmodisch   old fashioned
angeberisch   boastful
an/gucken   to watch television
die Anpassung   adaptation
an/rühren   to touch
an/schauen   to watch
der Anschluß   connection
das Ansehen(–)   appearance
die Ansicht(en)   view, opinion
die Anweisung(en)   instructions
der Anzug(ᵉe)   suit
die Arbeitsgemeinschaft   study group
das Atomkraftwerk   nuclear power station
auffallend   striking, noticeable
die Aufgabe   exercise
auf/heitern   to brighten up
aufregend   exciting
die Aufrüstung   arming
*auf/treten   to appear
die Aula   (school) hall
die Ausbildung   education, training
der Ausflug(ᵉe)   excursion
ausgeflippt   way out
ausgeglichen   balanced
*aus/kommen   to get on with someone
aus/probieren   to try out
ausreichend   adequate

Vokabular

die **Ausrüstung**   equipment
aus/rutschen   to slip
außerdem   besides
die **Aussicht**   view
der **Aussteller(–)**   exhibitor
der **Ausweis(e)**   identity card
Autolackiererei   car paint workshop

der **Backstein**   brick
bald   soon
der **Bauarbeiter**   builder
der **Bauer(n)**   farmer
beabsichtigen   to intend
der **Becher(–)**   beaker, mug
der **Bedarf**   need
bedeckt   covered
bedeutend   important
die **Bedienung**   service
die **Bedrohung**   threat
beeindrucken   to impress
befriedigend   satisfactory
begründen   justify, give reasons for
bekleckern   to stain
beknackt   lousy, rubbishy
beliebt   favourite
belohnen   to praise
bequem   comfortable
*****beraten**   to counsel, advise
der **Bereich(e)**   area
der **Berg(e)**   mountain
*****bergsteigen**   to climb (mountains)
der **Beruf(e)**   job, occupation
berühmt   famous
die **Besatzung**   military occupation
besaufen   to get drunk (*sl.*)
beschäftigt   busy
Bescheid sagen   to notify
besichtigen   to view
besonders   especially
bestimmt   definitely
die **Bestimmung**   regulation, qualification
besuchen   to visit
die **Betätigung**   activity
*****betreten**   to enter
Betreuungsdienste   care, welfare service
die **Betriebsferien**   works holiday
bewaffnet   armed
bewahren   to keep
bewaldet   wooded
die **Bewegung**   movement
der **Bewerbungsbrief**   letter of application
*****bieten**   to offer
bilden   to form

der **Blaumann**   blue overall
blöd   stupid
das **Bogenschießen**   archery
böig   gusty
breit   wide
die **Brühe(n)**   broth, clear soup
der **Bund(ᵉe)**   federation
die **Bundeswehr**   army
bunt   colourful
der **Buspendelverkehr**   shuttle service
der **Büstenhalter (BH)**   bra
bzw.   respectively

der **Dachboden**   attic
die **Damenbinde(n)**   sanitary towel
deshalb   therefore
deutlich   clearly
der **Diebstahl(ᵉe)**   theft
dienen   to serve
der **Dienst(e)**   service
das **Drachenfliegen**   hang gliding
dringend   urgently
durchschnittlich   on average
durch/wählen   to dial through

ehemalig   former
das **Ehepaar**   married couple
ehrlich   honestly
eigensinnig   stubborn
eigentlich   actually
einfarbig   plain
Einheimische(r)   a local, native
*****ein/reiben**   to rub in
*****ein/werfen**   to insert
der **Einwohner(–)**   inhabitant
das **Eisen**   iron (metal)
das **Eisstockschießen**   alpine curling
das **Eiweiß**   protein
*****empfehlen**   to recommend
eng   narrow
die **Entscheidung**   decision
die **Entspannung**   relaxation
entspringen   to have its source
enttäuschen   to disappoint
entweder ... oder   either ... or
entwerfen   to design
entwerten   to cancel (a ticket)
entwickeln   to develop
das **Erdgeschoß**   ground floor
das **Ereignis**   event
die **Erfahrung**   experience
erfolgreich   successful
erfüllen   to fulfil

das Ergebnis   result
ergreifen   to grasp
die Erholung   recovery, relaxation
(sich an etwas) erinnern   to remember
*erkennen   to recognise
(sich) erkundigen   to find out, enquire
erlauben   to allow
erleben   to experience
die Ermäßigung   reduction
erraten   to guess
errechnen   to calculate
der Ersatz   substitute, alternative
erst   first
erträglich   bearable, tolerable
*ertrinken   to drown
Erwachsene(r)   adult
das Erzeugnis(se)   product
erzielen   to achieve

die Fabrik(en)   factory
die Fähigkeit   ability
die Fahndung   search
die Fahrbahn   carriageway
der Fahrstuhl   lift
das Fahrzeug   vehicle
der Fall   case, circumstance
falls   in case
faul   lazy
*fechten   to fence (sport)
feige   coward
fingerfertig   dexterous
der Flieder   lilac
der Flohmarkt   flea market
flott   smart, dashing
fönen   to dry (hair)
fordern   to demand
fördern   to support
der Fragebogen   questionnaire
frech   cheeky
die Freiheit   freedom
fröhlich   happy
füttern   to feed

die Gabel(n)   fork
das Gebiet(e)   area
das Gebirge   mountain range
das Gedenkkreuz   memorial cross
geduldig   patient
die Gefahr   danger
der Gegenstand(⏜e)   article
gegenüber   opposite
die Geige(n)   violin
das Gelände(–)   open country, ground

gemein   mean
die Genauigkeit   precision
*genießen   to enjoy
das Geräusch(e)   noise
der Geruch(⏜e)   smell
geschäftlich   on business
geschickt   adroit, dexterous
geschmacklos   tasteless
der Geselle(n)   apprentice
gesellig   sociable
die Gestalt(en)   form
gestattet   permitted
das Getreide   cereals
Getreue(r)   follower
das Gewächshaus   greenhouse
gewährleisten   to ensure
die Gewalt(en)   power, force
das Gewicht   weight
gewiß   surely
das Gewissen   conscience
der Gipfel(n)   summit
glänzen   to shine
das Gleichgewicht   balance
gleichgültig   indifferent
glitzern   to glisten
das Glück   luck
der Goldschmied   goldsmith
die Grenze(n)   border
großzügig   generous
das Grundgesetz   basic law
gucken   to look (sl.)
der Gürtel(–)   belt
die Güteklasse   grade
gutmütig   good natured

der Haken(–)   hook, peg
der Haß   hate
hauptsächlich   mainly
die Hebamme(n)   midwife
das Heftpflaster   sticking plaster
heilen   to heal
das Heim(e)   home
her/stellen   to produce
hinzu/fügen   to add
hochnäsig   stuck up
hocken   to squat
hübsch   pretty
der Hummer (–)   lobster

immer   always
die Innereien   innards, offal
insgesamt   altogether
irgendein   some, any

Vokabular

jeweils at any one time, each time
jubeln to cheer

die Kapuze(n) hood
die Karibikinsel Caribbean island
die Kaserne(n) barracks
klappen to work smoothly
der Klappstuhl folding chair
klettern to climb
das Knäckebrot crispbread
die Kniebundlederhose leather trousers
der Koffer(–) suitcase
die Kohletablette(n) indigestion tablet
kostenlos free
der Kreis(e) circle
der Krieg(e) war
der Kriegsfilm war film
der Krug(̈e) jug
die Kulisse(n) scene
die Kulturtasche sponge bag
(sich um etwas) kümmern to look after . . .
der Kunde(n) customer
das Kupfer copper
die Kür free section (skating)
der Kurort spa town
der Kurs(e) course
kurz short

lächeln to smile
lachen to laugh
langsam slow
lässig casual
die Latte(n) bar
die Laufbahn career
lauwarm lukewarm
der Lebenslauf curriculum vitae
der Leberkäse meat loaf
der Leberknödel liver dumpling
lecker delicious
leer empty
leider unfortunately
*leihen to lend
leisten to achieve
die Leute people
der Löffel(–) spoon
die Luft air
lustig fun

mächtig powerful
die Magermilch skimmed milk
der Mangel lack
mangelhaft inadequate
männlich masculine
die Mannschaft team

der Mehrkampf multi-discipline event
die Mehrwertsteuer value added tax
die Meinung opinion
die Messe(n) trade fair, mass
das Messer(–) knife
das Messing brass
das Mitglied(er) member
möglich possible
der Mönch(e) monk
müde tired
die Mullbinde gauze bandage
der Mund(̈er) mouth
munter lively, cheerful
die Mütze(n) cap

nachdem after
nach/eifern to copy
nachgewiesen proven
nachlässig careless
der Nachteil(e) disadvantage
das Nachtlokal(e) night club
nah(e) near
das Nahrungsmittel foodstuff
der Neoprenanzug wet suit
die Neugierde curiosity
neugierig curious
niedergebrannt burned down
die Niete(n) blank, dead loss

der Ort(e) place, town
örtlich local

passen +zu to go with, match
passend appropriate
pfiffig 'with it'
pflegen to care, look after
die Pflicht(en) duty
die Pinzette tweezers
plaudern to chat
der Pokal(e) cup, trophy
praktisch practical
preisgünstig favourably priced, cheap
probieren to try
proppenvoll jam packed
volle Pulle fahren at flat out (sl.)

quasseln to gabble
der Quatsch rubbish
quatschen to chatter, blather

das Radieschen radish (white and red)
das Radler shandy (beer and lemonade)
raffiniert refined
der Rasen(–) lawn
der Rassismus racialism

räumlich spatial, three dimensional
der Rechtsanwalt lawyer
reden to talk
regelmäßig regularly
die Reihenfolge order, sequence
rein pure
reinigen to clean
der Reißverschluß zip fastener
reizvoll charming
das Revier district
die Richtung direction
riesig giant, huge
rodeln to sledge
der Rollmops pickled herring
ruhig quiet, peaceful

die Salbe(n) cream, ointment
der Salzhandel salt trade
die Säule(n) column
schaffen to manage
die Schale(n) dish, bowl
der Schauer(–) rain shower
die Scheibe(n) slice
der Schein(e) note (money)
die Schichtarbeit shift work
schick chic, elegant
das Schiebefenster sliding window
*schießen to shoot
schimpfen to scold
der Schinken ham
der Schlager hit
der Schläger racket
die Schlagsahne whipped cream
der Schlamm mud
der Schleuderball ball throwing game
der Schlips(e) tie
Schlittenfahren to sledge, sleigh ride
schmerzstillend pain killing
schminken to put on make-up
schmücken to decorate
der Schnürschuh lace-up shoe
schön nice
die Schranke(n) level crossing barrier
die Schublade(n) drawer
der Schuhplattler shoe slapping dance
die Schürze(n) apron
die Schüssel(n) bowl
der Schutz protection
schwärmen to enthuse over
die Schweinshaxe pig's knuckle
schwerbehindert severely handicapped
schwierig difficult
schwitzen to sweat

seit since
selbständig self employed
selbsbewußt self confident
der Semmelknödl bread dumpling
die Sicherheitsnadel safety pin
sichtbar visible
das Sieb(e) sieve
die Siegerehrung victory ceremony
sinnvoll meaningful
der Slip(s) briefs, panties
sofort immediately
sogar even
die Spalte(n) column
das Spanferkel sucking pig
der Spaß fun
die Speisestärke cornflour
die Spielbank casino
die Spitze lace, point
der Spitzname nickname
die Sportveranstaltung sports event
sprachlich spoken
die Sprungschanze(n) ski jump
die Staatsangehörigkeit nationality
der Stahl steel
das Sternzeichen star sign
stimmen to agree, to vote
stolz proud
die Stoppuhr stop watch
die Störung disturbance, fault
streicheln to stroke
die Streitkräfte forces
strömen to stream
stürzen to fall

tapfer brave
die Tätigkeit activity
teuer expensive
die Textverarbeitungsmaschine word processor
toll super
töpfern to do pottery
die Tracht dress, national costume
tragbar wearable
*treffen to meet
trotz +gen. in spite
trotzdem in spite of that

überein/stimmen to agree
überempfindlich over sensitive
überlegen to think, consider
überragen to dominate
die Überraschung surprise
übertragen to transfer
überwiegend mainly, predominantly

Vokabular

das Ufer(–) (river) bank
umarmen to embrace
der Umriß outline
die Umweltverschmutzung environmental
  pollution
die Umweltzerstörung destruction of the
  environment
um ... zu in order to
unbedingt definitely
ungefähr about
ungenügend unsatisfactory
unheimlich tremendous, incredibly, eerie
unregelmäßig irregular
die Unterführung subway
***unterhalten** to converse
***unternehmen** to undertake
untersagt forbidden
der Untersetzer(–) place mat
unterwegs en route

der Verband(¨e) bandage, association
verbessern to improve
***verbinden** to associate, combine, bandage
verboten forbidden
verbringen to spend (time)
die Verdauungsstörungen digestive problems
der Verein organisation
vereinigen to unite
zur Verfügung available
***vermeiden** to avoid
vernünftig reasonable
verpflichten to be obliged to do ...
der Verräter(–) traitor
versammeln to collect
verschieden different
die Versicherung insurance
verstecken to hide
versuchen to try
verteidigen to defend
***vertreiben** to drive away
der Vertreter(–) representative
verunglücken to have an accident
Verwandte(r) relation
verweigern to refuse
verwerten to make use of
Verzeihung! Pardon! Sorry!
vielleicht perhaps
vielseitig versatile
vor/bereiten to prepare
***vor/lesen** to read out loud

die Vorlesung lecture
der Vorteil(e) advantage
die Vorwahlnummer dialling code
vorzüglich excellent

die Waffe(n) weapon
während during
wahrscheinlich apparently
die Währung currency
die Watte(n) cotton wool
wechselhaft changeable
der Wecker(–) alarm clock
weiblich female
der Weinberg(e) vineyard
die Weizenkeime wheat germ
die Welt the world
der Wettbewerb competition
wiederholen to repeat
der Wintergarten sun lounge
die Wirklichkeit reality
die Wirtschaft economy
witzig fun, funny
der Wohltätigkeitszweck charitable cause

zahlreich numerous
das Zäpfchen suppository
zart tender
der Zeichentrickfilm cartoon
zeigen to show
die Zeitverschwendung waste of time
zeitweise at times
die Zeugnisnote(n) report grade
der Zoll customs
zufrieden content
***zu/greifen** to grab
die Zukunft future
***zu/nehmen** to put on (weight)
die Zunge tongue
der Zuschauer spectator, viewer
der Zuschlag supplement
der Zutritt access
zu/gucken to watch
zusammen together
Zwetschgendatschi plum tart
zwischen between